Goethe | Stella

Johann Wolfgang Goethe

Stella

Ein Trauerspiel

Im Anhang: Schluss der ersten Fassung

Nachwort von Helmut Bachmaier

Reclam

RECLAMS UNIVERSAL-BIBLIOTHEK Nr. 14406
1983, 2023 Philipp Reclam jun. Verlag GmbH,
Siemensstraße 32, 71254 Ditzingen
Gestaltung: Cornelia Feyll, Friedrich Forssman
Druck und Bindung: EsserDruck Solutions GmbH,
Untere Sonnenstraße 5, 84030 Ergolding
Printed in Germany 2023
RECLAM, UNIVERSAL-BIBLIOTHEK und
RECLAMS UNIVERSAL-BIBLIOTHEK sind eingetragene Marken
der Philipp Reclam jun. GmbH & Co. KG, Stuttgart
ISBN 978-3-15-014406-0

Auch als E-Book erhältlich

www.reclam.de

Personen

STELLA
CÄCILIE, *anfangs unter dem Namen* MADAME SOMMER
FERNANDO
LUCIE
VERWALTER
POSTMEISTERIN
ANNCHEN
KARL
BEDIENTE

Erster Akt

Im Posthause.
Man hört einen Postillon blasen. Postmeisterin.

POSTMEISTERIN. Karl! Karl!
(Der Junge kommt.)
DER JUNGE. Was is?
POSTMEISTERIN. Wo hat dich der Henker wieder? Geh hinaus; der Postwagen kommt. Führ die Passagiers herein, trag ihnen das Gepäck; rühr dich! Machst du wieder ein Gesicht?
(Der Junge ab.)
POSTMEISTERIN *(ihm nachrufend)*. Wart! ich will dir dein muffig Wesen vertreiben. Ein Wirtsbursche muss immer munter, immer alert sein. Hernach wenn so ein Schurke Herr wird, so verdirbt er. Wenn ich wieder heiraten möchte, so wär's nur darum; einer Frau allein fällt's gar zu schwer, das Pack in Ordnung zu halten!
(Madame Sommer, Lucie in Reisekleidern. Karl.)
LUCIE *(einen Mantelsack tragend, zu Karl)*. Lass Er's nur, es ist nicht schwer; aber nehm Er meiner Mutter die Schachtel ab.
POSTMEISTERIN. Ihre Dienerin, meine Frauenzimmer! Sie kommen beizeiten. Der Wagen kommt sonst nimmer so früh.
LUCIE. Wir haben einen gar jungen, lustigen, hübschen Schwager gehabt, mit dem ich durch die Welt fahren möchte; und unser sind nur zwei und wenig beladen.
POSTMEISTERIN. Wenn Sie zu speisen belieben, so sind Sie wohl so gütig zu warten; das Essen ist noch nicht gar fertig.

MADAME SOMMER. Darf ich Sie nur um ein wenig Suppe bitten?

LUCIE. Ich hab keine Eil. Wollten Sie indes meine Mutter versorgen?

POSTMEISTERIN. Sogleich.

LUCIE. Nur recht gute Brühe!

POSTMEISTERIN. So gut sie da ist. *(Ab.)*

MADAME SOMMER. Dass du dein Befehlen nicht lassen kannst! Du hättest, dünkt mich, die Reise über schon klug werden können! Wir haben immer mehr bezahlt als verzehrt; und in unsern Umständen! –

LUCIE. Es hat uns noch nie gemangelt.

MADAME SOMMER. Aber wir waren dran.

(Postillon tritt herein.)

LUCIE. Nun, braver Schwager, wie steht's? Nicht wahr, dein Trinkgeld?

POSTILLON. Hab ich nicht gefahren wie Extrapost?

LUCIE. Das heißt, du hast auch was extra verdient; nicht wahr? Du solltest mein Leibkutscher werden, wenn ich nur Pferde hätte.

POSTILLON. Auch ohne Pferde steh ich zu Diensten.

LUCIE. Da!

POSTILLON. Danke, Mamsell! Sie gehn nicht weiter?

LUCIE. Wir bleiben für diesmal hier.

POSTILLON. Adies! *(Ab.)*

MADAME SOMMER. Ich seh an seinem Gesicht, dass du ihm zu viel gegeben hast.

LUCIE. Sollte er mit Murren von uns gehen? Er war die ganze Zeit so freundlich. Sie sagen immer, Mama, ich sei eigensinnig; wenigstens eigennützig bin ich nicht.

MADAME SOMMER. Ich bitte dich, Lucie, verkenne nicht,

was ich dir sage. Deine Offenheit ehr ich, wie deinen guten Mut und deine Freigebigkeit; aber es sind nur Tugenden, wo sie hingehören.

LUCIE. Mama, das Örtchen gefällt mir wirklich. Und das Haus da drüben ist wohl der Dame, der ich künftig Gesellschaft leisten soll?

MADAME SOMMER. Mich freut's, wenn der Ort deiner Bestimmung dir angenehm ist.

LUCIE. Stille mag's sein, das merk ich schon. Ist's doch wie Sonntag auf dem großen Platze! Aber die gnädige Frau hat einen schönen Garten und soll eine gute Frau sein; wir wollen sehn, wie wir zurechtkommen. Was sehen Sie sich um, Mama?

MADAME SOMMER. Lass mich, Lucie! Glückliches Mädchen, das durch nichts erinnert wird! Ach damals war's anders! Mir ist nichts schmerzlicher, als in ein Posthaus zu treten.

LUCIE. Wo fänden Sie auch nicht Stoff, sich zu quälen?

MADAME SOMMER. Und wo nicht Ursache dazu? Meine Liebe, wie ganz anders war's damals, da dein Vater noch mit mir reiste; da wir die schönste Zeit unsers Lebens in freier Welt genossen; die ersten Jahre unserer Ehe! Damals hatte alles den Reiz der Neuheit für mich. Und in seinem Arm vor so tausend Gegenständen vorüberzueilen; da jede Kleinigkeit mir interessant ward, durch seinen Geist, durch seine Liebe! –

LUCIE. Ich mag auch wohl gern reisen.

MADAME SOMMER. Und wenn wir dann nach einem heißen Tag, nach ausgestandenen Fatalitäten, schlimmem Weg im Winter, wenn wir eintraten, in manche noch schlechtere Herberge, wie diese ist, und den Genuss der einfachsten Bequemlichkeit zusammen fühlten, auf der hölzernen Bank zusammen saßen, unsern Eierkuchen und abgesottene Kartoffeln zusammen aßen – – Damals war's anders!

LUCIE. Es ist nun einmal Zeit, ihn zu vergessen.

MADAME SOMMER. Weißt du, was das heißt: Vergessen! Gutes Mädchen, du hast, Gott sei Dank! noch nichts verloren, das nicht zu ersetzen gewesen wäre. Seit dem Augenblick, da ich gewiss ward, er habe mich verlassen, ist alle Freude meines Lebens dahin. Mich ergriff eine Verzweiflung. Ich mangelte mir selbst; ein Gott mangelte mir. Ich weiß mich des Zustands kaum zu erinnern.

LUCIE. Auch ich weiß nichts mehr, als dass ich auf Ihrem Bette saß und weinte, weil Sie weinten. Es war in der grünen Stube, auf dem kleinen Bette. Die Stube hat mir am wehsten getan, da wir das Haus verkaufen mussten.

MADAME SOMMER. Du warst sieben Jahr alt und konntest nicht fühlen, was du verlorst.

(Annchen mit der Suppe. Die Postmeisterin. Karl.)

ANNCHEN. Hier ist die Suppe für Madame.

MADAME SOMMER. Ich danke, meine Liebe! Ist das Ihr Töchterchen?

POSTMEISTERIN. Meine Stieftochter, Madame! aber da sie so brav ist, ersetzt sie mir den Mangel an eigenen Kindern.

MADAME SOMMER. Sie sind in Trauer?

POSTMEISTERIN. Für meinen Mann, den ich vor drei Monaten verlor. Wir haben nicht gar drei Jahre zusammengelebt.

MADAME SOMMER. Sie scheinen doch ziemlich getröstet.

POSTMEISTERIN. O Madame! Unsereins hat so wenig Zeit zu weinen, als leider zu beten. Das geht Sonntage und

Werkeltage. Wenn der Pfarrer nicht manchmal auf den Text kommt oder man ein Sterbelied singen hört – Karl, ein paar Servietten! deck hier am Ende auf.

LUCIE. Wem ist das Haus da drüben?

POSTMEISTERIN. Unserer Frau Baronesse. Eine allerliebste Frau.

MADAME SOMMER. Mich freut's, dass ich von einer Nachbarin bestätigen höre, was man uns in einer weiten Ferne beteuert hat. Meine Tochter wird künftig bei ihr bleiben und ihr Gesellschaft leisten.

POSTMEISTERIN. Dazu wünsche ich Ihnen Glück, Mamsell.

LUCIE. Ich wünsche, dass sie mir gefallen möge.

POSTMEISTERIN. Sie müssten einen sonderbaren Geschmack haben, wenn Ihnen der Umgang mit der gnäd'gen Frau nicht gefiele.

LUCIE. Desto besser! Denn wenn ich mich einmal nach jemanden richten soll, so muss Herz und Wille dabei sein; sonst geht's nicht.

POSTMEISTERIN. Nun! nun! wir reden bald wieder davon, und Sie sollen sagen, ob ich wahr gesprochen habe. Wer um unsre gnädige Frau lebt, ist glücklich; wird meine Tochter ein wenig größer, so soll sie ihr wenigstens einige Jahre dienen; es kommt dem Mädchen auf sein ganzes Leben zugute.

ANNCHEN. Wenn Sie sie nur sehn! Sie ist so lieb! so lieb! Sie glauben nicht, wie sie auf Sie wartet. Sie hat mich auch recht lieb. Wollen Sie denn nicht zu ihr gehn? Ich will Sie begleiten.

LUCIE. Ich muss mich erst zurechtmachen und will auch noch essen.

ANNCHEN. So darf ich doch hinüber, Mamachen? Ich will der gnädigen Frau sagen, dass die Mamsell gekommen ist.

POSTMEISTERIN. Geh nur!

MADAME SOMMER. Und sag ihr, Kleine, wir wollten gleich nach Tisch aufwarten.

(Annchen ab.)

POSTMEISTERIN. Mein Mädchen hängt außerordentlich an ihr. Auch ist sie die beste Seele von der Welt, und ihre ganze Freude ist mit Kindern. Sie lehrt sie allerlei Arbeiten machen und singen. Sie lässt sich von Bauersmädchen aufwarten, bis sie ein Geschick haben, hernach sucht sie eine gute Kondition für sie; und so vertreibt sie sich die Zeit, seit ihr Gemahl weg ist. Es ist unbegreiflich, wie sie so unglücklich sein kann und dabei so freundlich, so gut.

MADAME SOMMER. Ist sie nicht Witwe?

POSTMEISTERIN. Das weiß Gott! Ihr Herr ist vor drei Jahren weg, und hört und sieht man nichts von ihm. Und sie hat ihn geliebt über alles. Mein Mann konnte nie fertig werden, wenn er anfing, von ihnen zu erzählen. Und noch! Ich sag's selbst, es gibt so kein Herz auf der Welt mehr. Alle Jahre, den Tag, da sie ihn zum letzten Mal sah, lässt sie keine Seele zu sich, schließt sich ein, und auch sonst, wenn sie von ihm redt, geht's einem durch die Seele.

MADAME SOMMER. Die Unglückliche!

POSTMEISTERIN. Es lässt sich von der Sache viel reden.

MADAME SOMMER. Wie meinen Sie?

POSTMEISTERIN. Man sagt's nicht gern.

MADAME SOMMER. Ich bitte Sie!

POSTMEISTERIN. Wenn Sie mich nicht verraten wollen,

kann ich's Ihnen wohl vertrauen. Es sind nun über die acht Jahre, dass sie hierherkamen. Sie kauften das Rittergut; niemand kannte sie; man hieß sie den gnädigen Herrn und die gnädige Frau und hielt ihn für einen Offizier, der in fremden Kriegsdiensten reich geworden war und sich nun zur Ruhe setzen wollte. Sie war damals blutjung, nicht älter als sechzehn Jahr und schön wie ein Engel.

LUCIE. Da wär' sie jetzt nicht über vierundzwanzig?

POSTMEISTERIN. Sie hat für ihr Alter Betrübnis genug erfahren. Sie hatte ein Kind; es starb ihr bald; im Garten ist sein Grab, nur von Rasen, und seit der Herr weg ist, hat sie eine Einsiedelei dabei angelegt und ihr Grab dazu bestellen lassen. Mein Mann seliger war bei Jahren und nicht leicht zu rühren; aber er erzählte nichts lieber als von der Glückseligkeit der beiden Leute, solang sie hier zusammenlebten. Man war ein ganz anderer Mensch, sagte er, nur zuzusehn, wie sie sich liebten.

MADAME SOMMER. Mein Herz bewegt sich nach ihr.

POSTMEISTERIN. Aber wie's geht. Man sagte, der Herr hätte kuriose Prinzipia gehabt, wenigstens kam er nicht in die Kirche; und die Leute, die keine Religion haben, haben keinen Gott und halten sich an keine Ordnung. Auf einmal hieß es: der gnädige Herr ist fort. Er war verreist und kam eben nicht wieder.

MADAME SOMMER *(vor sich)*. Ein Bild meines ganzen Schicksals!

POSTMEISTERIN. Da waren alle Mäuler davon voll. Eben zur Zeit, da ich als eine junge Frau hierherzog, auf Michael sind's eben drei Jahre. Und da wusst' jedes was anders, sogar zischelte man einander in die Ohren, sie seien niemals getraut gewesen; aber verraten Sie mich nicht. Er soll wohl ein vornehmer Herr sein, soll sie entführt haben und was man alles sagt. Ja, wenn ein junges Mädchen so einen Schritt tut, sie hat ihr Leben lang dran abzubüßen.

(Annchen kommt.)

ANNCHEN. Die gnädige Frau lässt Sie sehr bitten, doch gleich hinüberzukommen; sie will Sie nur einen Augenblick sprechen, nur sehen.

LUCIE. Es schickt sich nicht in diesen Kleidern.

POSTMEISTERIN. Gehn Sie nur, ich geb Ihnen mein Wort, dass sie darauf nicht achtet.

LUCIE. Will Sie mich begleiten, Kleine?

ANNCHEN. Von Herzen gern!

MADAME SOMMER. Lucie, ein Wort! *(Die Postmeisterin entfernt sich.)* Dass du nichts verrätst! nicht unsern Stand, nicht unser Schicksal. Begegne ihr ehrerbietig.

LUCIE. Lassen Sie mich nur! Mein Vater war ein Kaufmann, ist nach Amerika, ist tot; und dadurch sind unsere Umstände – Lassen Sie mich nur; ich hab das Märchen ja schon oft genug erzählt. *(Laut.)* Wollten Sie nicht ein bisschen ruhen? Sie haben's not. Die Frau Wirtin weist Ihnen wohl ein Zimmerchen mit einem Bett an.

POSTMEISTERIN. Ich hab eben ein hübsches stilles Zimmerchen im Garten. *(Zu Lucien.)* Ich wünsche, dass Ihnen die gnädige Frau gefallen möge.

(Lucie mit Annchen ab.)

MADAME SOMMER. Meine Tochter ist noch ein bisschen obenaus.

POSTMEISTERIN. Das tut die Jugend. Werden sich schon legen, die stolzen Wellen.

MADAME SOMMER. Desto schlimmer.

POSTMEISTERIN. Kommen Sie, Madame, wenn's gefällig ist.

(Beide ab.)

(Man hört einen Postillon. Fernando in Offizierstracht. Ein Bedienter.)

BEDIENTER. Soll ich gleich wieder einspannen und Ihre Sachen aufpacken lassen?

FERNANDO. Du sollst's hereinbringen, sag ich dir; herein. Wir gehen nicht weiter, hörst du.

BEDIENTER. Nicht weiter? Sie sagten ja –

FERNANDO. Ich sage, lass dir ein Zimmer anweisen und bring meine Sachen dorthin.

(Bedienter ab.)

FERNANDO *(ans Fenster tretend)*. So seh ich dich wieder? Himmlischer Anblick! So seh ich dich wieder? Den Schauplatz all meiner Glückseligkeit! Wie still das ganze Haus ist! Kein Fenster offen! Die Galerie wie öde, auf der wir so oft zusammen saßen! Merk dir's, Fernando, das klösterliche Ansehn ihrer Wohnung, wie schmeichelt es deinen Hoffnungen! Und sollte, in ihrer Einsamkeit, Fernando ihr Gedanke, ihre Beschäftigung sein? Und hat er's um sie verdient? Oh! mir ist, als wenn ich nach einem langen, kalten, freudelosen Todesschlaf ins Leben wieder erwachte; so neu, so bedeutend ist mir alles. Die Bäume, der Brunnen, noch alles, alles! So lief das Wasser aus eben den Röhren, wenn ich, ach, wie tausendmal! mit ihr gedankenvoll aus unserm Fenster schaute und jedes in sich gekehrt, still dem Rinnen des Wassers zusah! Sein Geräusch ist mir Melodie, rückerinnernde Melodie. Und sie? Sie wird sein, wie sie war. Ja, Stella, du hast dich nicht verändert; das sagt mir mein Herz. Wie's dir entgegenschlägt! Aber ich will nicht, ich darf nicht! Ich muss mich erst erholen, muss mich erst überzeugen, dass ich wirklich hier bin, dass mich kein Traum täuscht, der mich so oft schlafend und wachend aus den fernsten Gegenden hierhergeführt hat. Stella! Stella! Ich komme! Fühlst du nicht meine Näherung? in deinen Armen alles zu vergessen! – Und wenn du um mich schwebst, teurer Schatten meines unglücklichen Weibes, vergib mir, verlass mich! Du bist dahin; so lass mich dich vergessen, in den Armen des Engels alles vergessen, meine Schicksale, allen Verlust, meine Schmerzen und meine Reue – Ich bin ihr so nah und so ferne – Und in einem Augenblick – – Ich kann nicht, ich kann nicht! Ich muss mich erholen, oder ich ersticke zu ihren Füßen.

(Postmeisterin kommt.)

POSTMEISTERIN. Verlangen der gnädige Herr zu speisen?

FERNANDO. Sind Sie versehen?

POSTMEISTERIN. O ja! wir warten nur auf ein Frauenzimmer, das hinüber zur gnädigen Frau ist.

FERNANDO. Wie geht's Ihrer gnädigen Frau?

POSTMEISTERIN. Kennen Sie sie?

FERNANDO. Vor Jahren war ich wohl manchmal da. Was macht ihr Gemahl?

POSTMEISTERIN. Weiß Gott. Er ist in die weite Welt.

FERNANDO. Fort?

POSTMEISTERIN. Freilich! Verlässt die liebe Seele! Gott verzeih's ihm!

FERNANDO. Sie wird sich schon zu trösten wissen.

POSTMEISTERIN. Meinen Sie doch? Da müssen Sie sie wenig kennen. Sie lebt wie eine Nonne, so eingezogen, die

Zeit ich sie kenne. Fast kein Fremdes, kein Besuch aus der Nachbarschaft kommt zu ihr. Sie lebt mit ihren Leuten, hat die Kinder des Orts alle an sich und ist, ungeachtet ihres innern Schmerzens, immer freundlich, immer angenehm.

FERNANDO. Ich will sie doch besuchen.

POSTMEISTERIN. Das tun Sie. Manchmal lässt sie uns invitieren, die Frau Amtmännin, die Frau Pfarrerin und mich, und diskuriert mit uns von allerlei. Freilich hüten wir uns, sie an den gnädigen Herrn zu erinnern. Ein einzig Mal geschah's. Gott weiß, wie's uns wurde, da sie anfing, von ihm zu reden, ihn zu preisen, zu weinen. Gnädiger Herr, wir haben alle geweint wie die Kinder und uns fast nicht erholen können.

FERNANDO *(vor sich)*. Das hast du um sie verdient! – *(Laut.)* Ist meinem Bedienten ein Zimmer angewiesen?

POSTMEISTERIN. Eine Treppe hoch. Karl, zeig dem gnädigen Herrn das Zimmer.

(Fernando mit dem Jungen ab.)

(Lucie, Annchen kommen.)

POSTMEISTERIN. Nun, wie ist's?

LUCIE. Ein liebes Weibchen, mit der ich mich vertragen werde. Sie haben nicht zu viel von ihr gesagt. Sie wollt' mich nicht lassen. Ich musste ihr heilig versprechen, gleich nach Tisch mit meiner Mutter und dem Gepäck zu kommen.

POSTMEISTERIN. Das dacht' ich wohl! Ist's jetzt gefällig zu essen? Noch ein schöner langer Offizier ist angefahren, wenn Sie den nicht fürchten.

LUCIE. Nicht im Geringsten. Mit Soldaten hab ich lieber zu

tun als mit andern. Sie verstellen sich wenigstens nicht, dass man die Guten und Bösen gleich das erste Mal kennt. Schläft meine Mutter?

POSTMEISTERIN. Ich weiß nicht.

LUCIE. Ich muss doch nach ihr sehn. *(Ab.)*

POSTMEISTERIN. Karl! Da ist wieder das Salzfass vergessen. Heißt das geschwenkt? Sieh nur die Gläser! Ich sollt' dir sie am Kopf entzweischmeißen, wenn du so viel wert wärst, als sie kosten!

(Fernando kommt.)

POSTMEISTERIN. Das Frauenzimmer ist wieder da. Sie wird gleich zu Tisch kommen.

FERNANDO. Wer ist sie?

POSTMEISTERIN. Ich kenn sie nicht. Sie scheint von gutem Stande, aber ohne Vermögen; sie wird künftig der gnäd'gen Frau zur Gesellschaft sein.

FERNANDO. Sie ist jung?

POSTMEISTERIN. Sehr jung; und schnippisch. Ihre Mutter ist auch droben.

(Lucie kommt.)

LUCIE. Ihre Dienerin!

FERNANDO. Ich bin glücklich, eine so schöne Tischgesellschaft zu finden.

LUCIE *(neigt sich)*.

POSTMEISTERIN. Hierher, Mamsell! Und Sie belieben hierher!

FERNANDO. Wir haben nicht die Ehre von Ihnen, Frau Postmeisterin?

POSTMEISTERIN. Wenn ich einmal ruhe, ruht alles. *(Ab.)*

FERNANDO. Also ein Tête-à-Tête!

LUCIE. Den Tisch dazwischen, wie ich's wohl leiden kann.

FERNANDO. Sie haben sich entschlossen, der Frau Baronesse künftig Gesellschaft zu leisten?

LUCIE. Ich muss wohl!

FERNANDO. Mich dünkt, Ihnen sollt' es nicht fehlen, einen Gesellschafter zu finden, der doch unterhaltender wäre als die Frau Baronesse.

LUCIE. Mir ist nicht drum zu tun.

FERNANDO. Auf Ihr ehrlich Gesicht?

LUCIE. Mein Herr, Sie sind wie alle Männer, merk ich!

FERNANDO. Das heißt?

LUCIE. Auf den Punkt sehr arrogant. Ihr Herren dünkt euch unentbehrlich; und ich weiß nicht, ich bin doch groß geworden ohne Männer.

FERNANDO. Sie haben keinen Vater mehr?

LUCIE. Ich erinnere mich kaum, dass ich einen hatte. Ich war jung, da er uns verließ, eine Reise nach Amerika zu tun, und sein Schiff ist untergegangen, hören wir.

FERNANDO. Und Sie scheinen so gleichgültig dabei?

LUCIE. Wie könnt' ich anders? Er hat mir wenig zuliebe getan; und ob ich's ihm gleich verzeihe, dass er uns verlassen hat; denn was geht dem Menschen über seine Freiheit? so möcht' ich doch nicht meine Mutter sein, die vor Kummer stirbt.

FERNANDO. Und Sie sind so ohne Hülfe, ohne Schutz?

LUCIE. Was braucht's das? Unser Vermögen ist alle Tage kleiner geworden; dafür auch ich alle Tage größer; und mir ist's nicht bange, meine Mutter zu ernähren.

FERNANDO. Mich erstaunt Ihr Mut!

LUCIE. Oh, mein Herr, der gibt sich. Wenn man so oft unterzugehen fürchtet und sich immer wieder gerettet sieht, das gibt ein Zutrauen!

FERNANDO. Davon Sie Ihrer lieben Mutter nichts mitteilen können?

LUCIE. Leider ist sie, die verliert, nicht ich. Ich dank's meinem Vater, dass er mich auf die Welt gesetzt hat, denn ich lebe gern und vergnügt; aber sie – die alle Hoffnung des Lebens auf ihn gesetzt, ihm den Flor ihrer Jugend aufgeopfert hatte, und nun verlassen, auf einmal verlassen – – Das muss was Entsetzliches sein, sich verlassen zu fühlen! – Ich habe noch nichts verloren; ich kann nichts davon reden. – Sie scheinen nachdenkend!

FERNANDO. Ja, meine Liebe, wer lebt, verliert; *(aufstehend)* aber er gewinnt auch. Und so erhalt' Ihnen Gott Ihren Mut! *(Er nimmt ihre Hand.)* Sie haben mich erstaunen machen. Oh, mein Kind, wie glücklich! – – Ich bin auch in der Welt gar viel, gar oft von meinen Hoffnungen – Freuden – Es ist doch immer – Und –

LUCIE. Wie meinen Sie?

FERNANDO. Alles Gute! die besten, wärmsten Wünsche für Ihr Glück! *(Ab.)*

LUCIE. Das ist ein wunderbarer Mensch! Er scheint aber gut zu sein.

Zweiter Akt

Stella. Ein Bedienter.

STELLA. Geh hinüber, geschwind hinüber! Sag ihr, ich erwarte sie.

BEDIENTER. Sie versprach, gleich zu kommen.

STELLA. Du siehst ja, sie kommt nicht. Ich hab das Mädchen recht lieb. Geh! – Und ihre Mutter soll ja mitkommen!

(Bedienter ab.)

STELLA. Ich kann sie kaum erwarten. Was das für ein Wünschen, ein Hoffen ist, bis so ein neues Kleid ankommt! Stella! du bist ein Kind. Und warum soll ich nicht lieben? – Ich brauche viel, viel, um dies Herz auszufüllen! – Viel? Arme Stella! Viel? – Sonst, da er dich noch liebte, noch in deinem Schoße lag, füllte sein Blick deine ganze Seele; und – O Gott im Himmel! dein Ratschluss ist unerforschlich. Wenn ich von seinen Küssen meine Augen zu dir hinaufwendete, mein Herz an dem seinen glühte und ich mit bebenden Lippen seine große Seele in mich trank und ich dann mit Wonnetränen zu dir hinaufsah und aus vollem Herzen zu dir sprach: »Lass uns glücklich, Vater! du hast uns so glücklich gemacht!« – Es war dein Wille nicht – *(Sie fällt einen Augenblick in Nachdenken, fährt dann schnell auf und drückt ihre Hände ans Herz.)* Nein, Fernando, nein, das war kein Vorwurf!

(Madame Sommer, Lucie kommen.)

STELLA. Ich habe sie! – Liebes Mädchen, du bist nun die Meine. – Madame, ich danke Ihnen für das Zutrauen, mit dem Sie mir den Schatz in die Hände liefern. Das kleine Trotzköpfchen, die gute freie Seele. O ich hab dir's schon abgelernt, Lucie.

MADAME SOMMER. Sie fühlen, was ich Ihnen bringe und lasse.

STELLA *(nach einer Pause, in der sie Madame Sommer angesehen hat)*. Verzeihen Sie! Man hat mir Ihre Geschichte berichtet, ich weiß, dass ich Personen von guter Familie vor mir habe, aber Ihre Gegenwart überrascht mich. Ich fühle im ersten Anblick Vertrauen und Ehrfurcht gegen Sie.

MADAME SOMMER. Gnädige Frau –

STELLA. Nichts davon. Was mein Herz gesteht, bekennt mein Mund gern. Ich höre, Sie sind nicht wohl; wie ist's Ihnen? Setzen Sie sich.

MADAME SOMMER. Doch, gnädige Frau! Diese Reise in den Frühlingstagen, die abwechselnden Gegenstände und diese reine, segensvolle Luft, die sich schon so oft für mich mit neuer Erquickung gefüllt hat, das wirkte alles auf mich so gut, so freundlich, dass selbst die Erinnerung abgeschiedener Freuden mir ein angenehmes Gefühl wurde, ich einen Widerschein der goldenen Zeiten der Jugend und Liebe in meiner Seele aufdämmern sah.

STELLA. Ja die Tage! die ersten Tage der Liebe! – Nein, du bist nicht zum Himmel zurückgekehrt, goldene Zeit! du umgibst noch jedes Herz in den Momenten, da sich die Blüte der Liebe erschließt.

MADAME SOMMER *(ihre Hände fassend)*. Wie groß! Wie lieb!

STELLA. Ihr Angesicht glänzt wie das Angesicht eines Engels, Ihre Wangen färben sich!

MADAME SOMMER. Ach und mein Herz! Wie geht es auf! wie schwillt's vor Ihnen!

STELLA. Sie haben geliebt! O Gott sei Dank! Ein Geschöpf, das mich versteht! das Mitleiden mit mir haben kann! das nicht kalt zu meinen Schmerzen dreinblickt! – Wir können ja doch einmal nichts dafür, dass wir so sind! – Was hab ich nicht alles getan! Was nicht alles versucht! – Ja, was half's? – Es wollte das – just das – und keine Welt, und sonst nichts in der Welt – Ach! der Geliebte ist überall, und alles ist für den Geliebten.

MADAME SOMMER. Sie tragen den Himmel im Herzen.

STELLA. Eh ich mich's verseh, wieder sein Bild! – So richtete er sich auf, in der und jener Gesellschaft, und sah sich nach mir um – So kam er dort übers Feld hergesprengt und warf sich an der Gartentür in meinen Arm. – Dahinaus sah ich ihn fahren, dahinaus – ach, und er war wiedergekommen – war seiner Wartenden wiedergekommen – – Kehr ich mit meinen Gedanken in das Geräusch der Welt – er ist da! Wenn ich so in der Loge saß und gewiss war, wo er auch steckte, ich mochte ihn sehen oder nicht, dass er jede meiner Bewegungen bemerkte und liebte, mein Aufstehen, mein Niedersitzen! Ich fühlte, dass das Schütteln meines Federbusches ihn mehr anzog als all die blinkenden Augen ringsum und dass alle Musik nur Melodie zu dem ewigen Liede seines Herzens war: »Stella! Stella! Wie lieb du mir bist!«

LUCIE. Kann man denn einander so liebhaben?

STELLA. Du fragst, Kleine? Da kann ich dir nicht antworten – Aber mit was unterhalt ich euch! – – Kleinigkeiten! wichtige Kleinigkeiten! – Wahrlich, man ist doch ein großes Kind, und es ist einem so wohl dabei – Eben wie die Kinder sich hinter ihr Schürzchen verstecken und rufen Pipp! dass man sie suchen soll! – – Wie ganz füllt das unser Herz, wenn wir, beleidigt, den Gegenstand unsrer Liebe zu verlassen bei uns sehr eifrig festsetzen; mit welchen Verzerrungen von Seelenstärke treten wir wieder in seine Gegenwart! wie übt sich das in unserm Busen auf und ab! und wie platzt es zuletzt wieder auf *einen* Blick, *einen* Händedruck zusammen.

MADAME SOMMER. Wie glücklich! Sie leben doch noch ganz in dem Gefühl der jüngsten, reinsten Menschheit.

STELLA. Ein Jahrtausend von Tränen und Schmerzen vermöchte die Seligkeit nicht aufzuwiegen der ersten Blicke, des Zitterns, Stammelns, des Nahens, Weichens – des Vergessens sein selbst – den ersten flüchtigen, feurigen Kuss und die erste ruhig atmende Umarmung – Madame! Sie versinken, meine Teure! Wo sind Sie?

MADAME SOMMER. Männer! Männer!

STELLA. Sie machen uns glücklich und elend! Mit welchen Ahnungen von Seligkeit erfüllen sie unser Herz, welche neuen, unbekannten Gefühle und Hoffnungen schwellen unsere Seele, wenn ihre stürmende Leidenschaft sich jedem unserer Nerven mitteilt. Wie oft hat alles an mir gezittert und geklungen, wenn er in unbändigen Tränen die Leiden einer Welt an meinem Busen hinströmte! Ich bat ihn um Gottes willen, sich zu schonen! – mich! – Vergebens – Bis ins innerste Mark fachte er mir die Flammen, die ihn durchwühlten. Und so ward das Mädchen vom Kopf bis zu den Sohlen ganz Herz, ganz Gefühl. Und wo ist denn nun der Himmelsstrich für dies Geschöpf, um drin zu atmen, um Nahrung drunter zu finden?

MADAME SOMMER. Wir glauben den Männern! In den Augenblicken der Leidenschaft betriegen sie sich selbst, warum sollten *wir* nicht betrogen werden?

STELLA. Madame! Da fährt mir ein Gedanke durch den Kopf – Wir wollen einander das sein, was sie uns hätten werden sollen! Wir wollen zusammenbleiben! – Ihre Hand! – Von diesem Augenblick an lass ich Sie nicht!

LUCIE. Das wird nicht angehn!

STELLA. Warum, Lucie?

MADAME SOMMER. Meine Tochter fühlt –

STELLA. Doch keine Wohltat in diesem Vorschlag! Fühlen Sie, welche Wohltat Sie mir tun, wenn Sie bleiben! O ich darf nicht allein sein! Liebe, ich hab alles getan, ich hab mir Federvieh und Reh' und Hunde angeschafft; und lehre kleine Mädchen stricken und knüpfen, nur um nicht allein zu sein, nur um was außer mir zu sehen, das lebt und zunimmt. Und dann doch, wenn mir's glückt, wenn eine gute Gottheit mir an einem heitern Frühlingsmorgen den Schmerz von der Seele weggehoben zu haben scheint; wenn ich ruhig erwache und die liebe Sonne auf meinen blühenden Bäumen leuchtet und ich mich tätig, munter fühle zu den Geschäften des Tages: dann ist mir's wohl, dann treib ich eine Zeitlang herum, verrichte und ordne und führe meine Leute an, und in der Freiheit meines Herzens dank ich laut auf zum Himmel für die glücklichen Stunden.

MADAME SOMMER. Ach ja, gnädige Frau, ich fühl's! Geschäftigkeit und Wohltätigkeit sind eine Gabe des Himmels, ein Ersatz für unglücklich liebende Herzen.

STELLA. Ersatz? Entschädigung wohl, nicht Ersatz – Etwas anstatt des Verlornen, nicht das Verlorne selbst mehr –

Verlorne Liebe! wo ist da Ersatz für? – O wenn ich manchmal von Gedanken in Gedanken sinke, freundliche Träume der Vergangenheit vor meine Seele bringe, hoffnungsvolle Zukunft ahne und so in des Mondes Dämmerung meinen Garten auf und ab walle, dann mich's auf einmal ergreift! ergreift, dass ich allein bin, vergebens nach allen vier Winden meine Arme ausstrecke, den Zauber der Liebe vergebens mit einem Drang, einer Fülle ausspreche, dass ich meine, ich müsste den Mond herunterziehen – und ich allein bin, keine Stimme mir aus dem Gebüsch antwortet, und die Sterne kalt und freundlich über meine Qual herabblinken! Und dann, auf einmal das Grab meines Kindes zu meinen Füßen. –

MADAME SOMMER. Sie hatten ein Kind?

STELLA. Ja, meine Beste! O Gott, du hattest mir diese Seligkeit auch nur zu kosten gegeben, um mir einen bittern Kelch auf mein ganzes Leben zu bereiten. – Wenn so ein Bauerkind auf dem Spaziergange barfuß mir entgegenläuft und mit den großen unschuldigen Augen mir eine Kusshand reicht, es durchdringt mir Mark und Gebeine! So groß, denk ich, wär' meine Mina! Ich heb es ängstlich liebend in die Höhe, küss es hundertmal; mein Herz ist zerrissen, die Tränen stürzen aus meinen Augen, und ich fliehe!

LUCIE. Sie haben doch auch viel Beschwerlichkeit weniger.

STELLA *(lächelt und klopft ihr die Achseln)*. Wie ich nur noch empfinden kann! – Wie die schrecklichen Augenblicke mich nicht getötet haben! – Es lag vor mir! abgepflückt die Knospe! und ich stand – versteinert im innersten Busen – ohne Schmerz – ohne Bewusstsein – – ich stand! – Da nahm die Wärterin das Kind auf, drückte es an ihr Herz und rief auf einmal: »Es lebt!« – Ich fiel auf sie, ihr um den Hals, mit tausend Tränen auf das Kind – ihr zu Füßen – – Ach, und sie hatte sich betrogen! Tot lag es da und ich neben ihm in wütender, grässlicher Verzweiflung. *(Sie wirft sich in einen Sessel.)*

MADAME SOMMER. Wenden Sie Ihre Gedanken von den traurigen Szenen.

STELLA. Nein! Wohl, sehr wohl ist mir's, dass mein Herz sich wieder öffnen, dass ich das alles losschwätzen kann, was mich so drängt! – Ja wenn ich euch einmal anfange, von ihm zu erzählen, der mir alles war! – der – Ihr sollt sein Porträt sehn! – sein Porträt – O mich dünkt immer, die Gestalt des Menschen ist der beste Text zu allem, was sich über ihn empfinden und sagen lässt.

LUCIE. Ich bin neugierig.

STELLA *(eröffnet ihr Kabinett; und führt sie hinein)*. Hier, meine Lieben, hier!

MADAME SOMMER. Gott!

STELLA. So! – So! – Und doch nicht den tausendsten Teil, wie er war. Diese Stirn, diese schwarzen Augen, diese braunen Locken, dieser Ernst – Aber ach, er hat nicht ausdrücken können die Liebe, die Freundlichkeit, wenn seine Seele sich ergoss! O mein Herz, das fühlst du allein!

LUCIE. Madame, ich erstaune!

STELLA. Es ist ein Mann!

LUCIE. Ich muss Ihnen sagen, heut aß ich drüben mit einem Offizier im Posthause, der diesem Herrn gleicht – O er ist es selbst! ich will mein Leben wetten.

STELLA. Heute? Du betriegst dich! Du betriegst mich.

LUCIE. Heute! Nur war jener älter, brauner verbrannt von der Sonne. Er ist's! Er ist's!

STELLA *(zieht die Schelle)*. Lucie, mein Herz zerspringt! Ich will hinüber!

LUCIE. Es wird sich nicht schicken.

STELLA. Schicken? O mein Herz! –

(Bedienter kommt.)

STELLA. Wilhelm, hinüber ins Posthaus! hinüber! Ein Offizier ist drüben, der soll – der ist – Lucie, sag's ihm – Er soll herüberkommen.

LUCIE. Kannte Er den gnädigen Herrn?

BEDIENTER. Wie mich selbst.

LUCIE. So geh Er ins Posthaus; es ist ein Offizier drüben, der ihm außerordentlich gleicht. Seh Er, ob ich mich betriege. Ich schwöre, er ist's.

STELLA. Sag ihm, er soll kommen, kommen! geschwind! geschwind! Wär' das überstanden! – Hätt' ich ihn in diesen, in – Du betriegst dich! Es ist unmöglich – Lasst mich, ihr Lieben, lasst mich allein! – *(Sie schließt das Kabinett hinter sich.)*

LUCIE. Was fehlt Ihnen, meine Mutter? Wie blass!

MADAME SOMMER. Das ist der letzte Tag meines Lebens! Das trägt mein Herz nicht! Alles, alles auf einmal.

LUCIE. Großer Gott!

MADAME SOMMER. Der Gemahl – Das Bild – Der Erwartete – Geliebte! Das ist mein Gemahl! Es ist dein Vater!

LUCIE. Mutter! beste Mutter!

MADAME SOMMER. Und der ist hier! wird in ihre Arme sinken, in wenig Minuten! – Und wir? – Lucie, wir müssen fort!

LUCIE. Wohin Sie wollen.

MADAME SOMMER. Gleich!

LUCIE. Kommen Sie in den Garten. Ich will ins Posthaus.

Wenn nur der Wagen noch nicht fort ist, so können wir ohne Abschied in der Stille – inzwischen sie berauscht von Glück –

MADAME SOMMER. In aller Wonne des Wiedersehens ihn umfassend – Ihn! Und ich in dem Augenblick, da ich ihn wiederfinde – auf ewig! auf ewig!

(Fernando, Bedienter kommen.)

BEDIENTER. Hierher! Kennen Sie *ihr* Kabinett nicht mehr? Sie ist außer sich! Ach! dass Sie wieder da sind!

(Fernando vorbei, über sie hinsehend.)

MADAME SOMMER. Er ist's! Er ist's – Ich bin verloren!

Dritter Akt

Stella in aller Freude hineintretend mit Fernando.

STELLA *(zu den Wänden).* Er ist wieder da! Seht ihr ihn? Er ist wieder da! *(Vor das Gemälde einer Venus tretend.)* Siehst du ihn, Göttin? Er ist wieder da! Wie oft bin ich Törin auf und ab gelaufen, hier, und habe geweint, geklagt vor dir. Er ist wieder da! Ich traue meinen Sinnen nicht. Göttin! ich habe dich so oft gesehen, und er war nicht da – Nun bist du da, und er ist da! – Lieber! Lieber! Du warst lange weg – Aber du bist da! *(Ihm um den Hals fallend.)* Du bist da! Ich will nichts fühlen, nichts hören, nichts wissen, als dass du da bist!

FERNANDO. Stella! meine Stella! *(An ihrem Halse.)* Gott im Himmel, du gibst mir meine Tränen wieder!

STELLA. O du Einziger!

FERNANDO. Stella! Lass mich wieder deinen lieben Atem trinken, deinen Atem, gegen den mir alle Himmelsluft leer, unerquicklich war! – –

STELLA. Lieber! – –

FERNANDO. Hauche in diesen ausgetrockneten, verstürmten, zerstörten Busen wieder neue Liebe, neue Lebenswonne, aus der Fülle deines Herzens! –
(Er hängt an ihrem Munde.)

STELLA. Bester!

FERNANDO. Erquickung! Erquickung! – Hier, wo du atmest, schwebt alles in genüglichem, jungem Leben. Lieb' und bleibende Treue würden hier den ausgedorrten Vagabunden fesseln.

STELLA. Schwärmer!

FERNANDO. Du fühlst nicht, was Himmelstau dem Dürstenden ist, der aus der öden, sandigen Welt an deinen Busen zurückkehrt.

STELLA. Und die Wonne des Armen? Fernando! sein verirrtes, verlornes, einziges Schäfchen wieder an sein Herz zu drücken?

FERNANDO *(zu ihren Füßen)*. Meine Stella!

STELLA. Auf, Bester! Steh auf! Ich kann dich nicht knien sehen.

FERNANDO. Lass das! Lieg ich doch immer vor dir auf den Knien; beugt sich doch immer mein Herz vor dir, unendliche Lieb und Güte!

STELLA. Ich habe dich wieder! – Ich kenne mich nicht, ich verstehe mich nicht! Im Grunde, was tut's?

FERNANDO. Mir ist's wieder wie in den ersten Augenblicken unsrer Freuden. Ich hab dich in meinen Armen, ich sauge die Gewissheit deiner Liebe auf deinen Lippen und taumle und frage mich staunend, ob ich wache oder träume.

STELLA. Nun, Fernando, wie ich spüre, gescheiter bist du nicht geworden.

FERNANDO. Da sei Gott für! – Aber diese Augenblicke von Wonne in deinen Armen machen mich wieder gut, wieder fromm. – Ich kann beten, Stella; denn ich bin glücklich.

STELLA. Gott verzeih' dir's, dass du so ein Bösewicht und so gut bist – Gott verzeih' dir's, der dich so gemacht hat – so flatterhaft und so treu – Wenn ich den Ton deiner Stimme höre, so mein ich doch gleich wieder, das wäre Fernando, der nichts in der Welt liebte als mich!

FERNANDO. Und ich, wenn ich in dein blaues, süßes Aug'

dringe und drin mich mit Forschen verliere, so mein ich, die ganze Zeit meines Wegseins hätte kein ander Bild drin gewohnet als das meine.

STELLA. Du irrst nicht.

FERNANDO. Nicht? –

STELLA. Ich würde dir's bekennen! – Gestand ich dir nicht in den ersten Tagen meiner vollen Liebe zu dir alle kleinen Leidenschaften, die je mein Herz gerührt hatten? Und ward ich dir darum nicht lieber? –

FERNANDO. Du Engel!

STELLA. Was siehst du mich so an? Nicht wahr, ich bin älter worden? Nicht wahr, das Elend hat die Blüte von meinen Wangen gestreift? –

FERNANDO. Rose! meine süße Blume! Stella! – Was schüttelst du den Kopf?

STELLA. – Dass man euch so liebhaben kann! – Dass man euch den Kummer nicht anrechnet, den ihr uns verursachet!

FERNANDO *(ihre Locken streichelnd)*. Ob du wohl graue Haare davon gekriegt hast? – Es ist dein Glück, dass sie so blond ohne das sind – Zwar ausgefallen scheinen dir keine zu sein. *(Er zieht ihr den Kamm aus den Haaren, und sie rollen tief herunter.)*

STELLA. Mutwille!

FERNANDO *(seine Arme dreinwickelnd)*. Rinaldo wieder in den alten Ketten!

(Bedienter kommt.)

BEDIENTER. Gnädige Frau! –

STELLA. Was hast du? Du machst ein verdrießlich, ein kaltes Gesicht; du weißt, die Gesichter sind mein Tod, wenn ich vergnügt bin.

BEDIENTER. Und doch, gnädige Frau – Die zwei Fremden wollen fort.

STELLA. Fort? Ach!

BEDIENTER. Wie ich sage. Ich sah die Tochter ins Posthaus gehn, wiederkommen, zur Mutter reden. Da erkundigt' ich mich drüben: es hieß, sie hätten Extrapost bestellt, weil der Postwagen hinunter schon fort ist. Ich redete mit ihnen; sie bat mich, die Mutter, in Tränen, ich sollte ihnen ihre Kleider heimlich hinüberschaffen und der gnädigen Frau tausend Segen wünschen: sie könnten nicht bleiben.

FERNANDO. Es ist die Frau, die heute mit ihrer Tochter angekommen ist? –

STELLA. Ich wollte die Tochter in meine Dienste nehmen und die Mutter dazu behalten – O dass sie mir jetzt diese Verwirrung machen, Fernando! –

FERNANDO. Was mag ihnen sein?

STELLA. Gott weiß! Ich kann, ich mag nichts wissen. Verlieren möcht ich sie nicht gern – Hab ich doch dich, Fernando! – Ich würde zugrunde gehn in diesen Augenblicken! Rede mit ihnen, Fernando – – Eben jetzt! jetzt! – Mache, dass die Mutter herüberkommt, Heinrich! *(Der Bediente geht ab.)* Sprich mit ihr; sie soll Freiheit haben. – Fernando, ich will ins Boskett! Komm nach! Komm nach! – Ihr Nachtigallen, ihr empfangt ihn noch!

FERNANDO. Liebste Liebe!

STELLA *(an ihm hangend)*. Und du kommst doch bald?

FERNANDO. Gleich! Gleich!

(Stella ab.)

FERNANDO *(allein)*. Engel des Himmels! Wie vor ihrer Gegenwart alles heiter wird, alles frei! – Fernando, kennst du dich noch selbst? Alles, was diesen Busen bedrängt, es ist weg; jede Sorgen, jedes ängstliche Zurückerinnern, was war – und was sein wird! – Kommt ihr schon wieder? – Und doch, wenn ich dich ansehe, deine Hand halte, Stella! flieht alles, verlischt jedes andre Bild in meiner Seele!

(Der Verwalter kommt.)

VERWALTER *(ihm die Hände küssend)*. Sie sind wieder da?

FERNANDO *(die Hand wegziehend)*. Ich bin's.

VERWALTER. Lassen Sie mich! Lassen Sie mich! O gnädiger Herr! –

FERNANDO. Bist du glücklich?

VERWALTER. Meine Frau lebt, ich habe zwei Kinder – Und Sie kommen wieder!

FERNANDO. Wie habt ihr gewirtschaftet?

VERWALTER. Dass ich gleich bereit bin, Rechenschaft abzulegen – Sie sollen erstaunen, wie wir das Gut verbessert haben. – Darf ich denn fragen, wie es Ihnen ergangen ist?

FERNANDO. Stille! – Soll ich dir alles sagen? Du verdienst's, alter Mitschuldiger meiner Torheiten.

VERWALTER. Gott sei nur Dank, dass Sie nicht Zigeunerhauptmann waren; ich hätte auf ein Wort von Ihnen gesengt und gebrennt.

FERNANDO. Du sollst's hören!

VERWALTER. Ihre Gemahlin? Ihre Tochter?

FERNANDO. Ich habe sie nicht gefunden. Ich traute mich selbst nicht in die Stadt; allein aus sichern Nachrichten weiß ich, dass sie sich einem Kaufmann, einem falschen Freunde, vertraut hat, der ihr die Kapitalien, die ich ihr zurückließ, unter dem Versprechen größerer Prozente ablockte und sie darum betrog. Unter dem Vorwande, sich aufs Land zu begeben, hat sie sich aus der Gegend entfernt und verloren und bringt wahrscheinlicherweise durch eigene und ihrer Tochter Handarbeit ein kümmerliches Leben durch. Du weißt, sie hatte Mut und Charakter genug, so etwas zu unternehmen.

VERWALTER. Und Sie sind nun wieder hier! Verzeihn wir's Ihnen, dass Sie so lange ausgeblieben.

FERNANDO. Ich bin weit herumgekommen.

VERWALTER. Wäre mir's nicht zu Hause mit meiner Frau und zwei Kindern so wohl, beneidete ich Sie um den Weg, den Sie wieder durch die Welt versucht haben. Werden Sie uns nun bleiben?

FERNANDO. Will's Gott!

VERWALTER. Es ist doch am Ende nichts anders und nichts Bessers.

FERNANDO. Ja wer die alten Zeiten vergessen könnte!

VERWALTER. Die uns bei mancher Freude manche Not brachten. Ich erinnere mich noch an alles genau: wie wir Cäcilien so liebenswürdig fanden, uns ihr aufdrangen, unsere jugendliche Freiheit nicht geschwind genug loswerden konnten.

FERNANDO. Es war doch eine schöne, glückliche Zeit!

VERWALTER. Wie sie uns ein munteres, lebhaftes Töchterchen brachte, aber zugleich von ihrer Munterkeit, von ihrem Reiz manches verlor.

FERNANDO. Verschone mich mit dieser Lebensgeschichte.

VERWALTER. Wie wir hier und da und da und dort uns umsahn, wie wir endlich diesen Engel trafen, wie nicht mehr von Kommen und Gehen die Rede war, sondern wir uns entschließen mussten, entweder die eine oder die andere unglücklich zu machen; wie wir es endlich so bequem fanden, dass sich eben eine Gelegenheit zeigte, die Güter zu verkaufen, wie wir mit manchem Verlust uns davonmachten, den Engel raubten und das schöne, mit sich selbst und der Welt unbekannte Kind hieher verbannten.

FERNANDO. Wie es scheint, bist du noch immer so lehrreich und geschwätzig wie vor alters.

VERWALTER. Hatte ich nicht Gelegenheit, was zu lernen? War ich nicht der Vertraute Ihres Gewissens? Als Sie auch von hier, ich weiß nicht, ob so ganz aus reinem Verlangen, Ihre Gemahlin und Ihre Tochter wiederzufinden, oder auch mit aus einer heimlichen Unruhe, sich wieder wegsehnten und wie ich Ihnen von mehr als *einer* Seite behülflich sein musste –

FERNANDO. So weit für diesmal.

VERWALTER. Bleiben Sie nur, dann ist alles gut. *(Ab.)*

(Bedienter kommt.)

BEDIENTER. Madame Sommer!

FERNANDO. Bring sie herein.

(Bedienter ab.)

FERNANDO *(allein)*. Dies Weib macht mich schwermütig. Dass nichts ganz, nichts rein in der Welt ist! Diese Frau! – Ihrer Tochter Mut hat mich zerstört; was wird ihr Schmerz tun!

(Madame Sommer tritt auf.)

FERNANDO *(vor sich)*. O Gott! und auch ihre Gestalt muss mich an mein Vergehen erinnern! Herz! Unser Herz! o wenn's in dir liegt, so zu fühlen und so zu handeln, warum hast du nicht auch Kraft, dir das Geschehene zu verzeihen? – Ein Schatten der Gestalt meiner Frau! – O wo seh ich den nicht! *(Laut.)* Madame!

MADAME SOMMER. Was befehlen Sie, mein Herr?

FERNANDO. Ich wünschte, dass Sie meiner Stella Gesellschaft leisten wollten und mir. Setzen Sie sich!

MADAME SOMMER. Die Gegenwart des Elenden ist dem Glücklichen zur Last und ach! der Glückliche dem Elenden noch mehr.

FERNANDO. Ich begreife Sie nicht. Können Sie Stella verkannt haben? Sie, die ganz Liebe, ganz Gottheit ist?

MADAME SOMMER. Mein Herr! ich wünschte heimlich zu reisen! Lassen Sie mich – Ich muss fort. Glauben Sie, dass ich Gründe habe! Aber ich bitte, lassen Sie mich!

FERNANDO *(vor sich)*. Welche Stimme! Welche Gestalt! *(Laut.)* Madame! *(Er wendet sich ab.)* – Gott, es ist meine Frau! *(Laut.)* Verzeihen Sie! *(Eilend ab.)*

MADAME SOMMER *(allein)*. Er erkennt mich! – Ich danke dir, Gott, dass du in diesen Augenblicken meinem Herzen so viel Stärke gegeben hast! – Bin ich's? die Zerschlagene! die Zerrissene! die in der bedeutenden Stunde so ruhig, so mutig ist? Guter, ewiger Vorsorger, du nimmst unserm Herzen doch nichts, was du ihm nicht aufbewahrtest bis zur Stunde, wo es dessen am meisten bedarf. *(Fernando kommt zurück.)*

FERNANDO *(vor sich)*. Sollte sie mich kennen? – *(Laut.)* Ich bitte Sie, Madame, ich beschwöre Sie, eröffnen Sie mir Ihr Herz!

MADAME SOMMER. Ich müsste Ihnen mein Schicksal erzählen; und wie sollten Sie zu Klagen und Trauer gestimmt sein an einem Tage, da Ihnen alle Freuden des Lebens wiedergegeben sind, da Sie alle Freuden des Lebens der würdigsten weiblichen Seele wiedergegeben haben! Nein, mein Herr! entlassen Sie mich!

FERNANDO. Ich bitte Sie!

MADAME SOMMER. Wie gern erspart' ich's Ihnen und mir! Die Erinnerung der ersten, glücklichen Tage meines Lebens macht mir tödliche Schmerzen.

FERNANDO. Sie sind nicht immer unglücklich gewesen?

MADAME SOMMER. Sonst würd' ich's jetzt in dem Grade nicht sein. *(Nach einer Pause mit erleichterter Brust.)* Die Tage meiner Jugend waren leicht und froh. Ich weiß nicht, was die Männer an mich fesselte; eine große Anzahl wünschte mir gefällig zu sein. Für wenige fühlte ich Freundschaft, Neigung; doch keiner war, mit dem ich geglaubt hätte, mein Leben zubringen zu können. Und so vergingen die glücklichen Tage der rosenfarbenen Zerstreuungen, wo so ein Tag dem andern freundlich die Hand bietet. Und doch fehlte mir etwas. – Wenn ich tiefer ins Leben sah und Freud und Leid ahnete, die des Menschen warten, da wünscht' ich mir einen Gatten, dessen Hand mich durch die Welt begleitete, der für die Liebe, die ihm mein jugendliches Herz weihen konnte, im Alter mein Freund, mein Beschützer, mir statt meiner Eltern geworden wäre, die ich um seinetwillen verließ.

FERNANDO. Und nun?

MADAME SOMMER. Ach ich sah den Mann! Ich sah ihn, auf den ich in den ersten Tagen unsrer Bekanntschaft all meine Hoffnungen niederlegte! Die Lebhaftigkeit seines Geistes schien mit solch einer Treue des Herzens verbunden zu sein, dass sich ihm das meinige gar bald öffnete, dass ich ihm meine Freundschaft und ach wie schnell darauf meine Liebe gab. Gott im Himmel, wenn sein Haupt an meinem Busen ruhte, wie schien er dir für die Stätte zu danken, die du ihm in meinen Armen bereitet hattest! Wie floh er aus dem Wirbel der Geschäfte und Zerstreuungen wieder zu mir, und wie unterstützt' ich mich in trüben Stunden an seiner Brust!

FERNANDO. Was konnte diese liebe Verbindung stören?

MADAME SOMMER. Nichts ist bleibend – Ach, er liebte mich! liebte mich so gewiss als ich ihn. Es war eine Zeit, da er nichts kannte, nichts wusste, als mich glücklich zu sehen, mich glücklich zu machen. Es war, ach, die leichteste Zeit des Lebens, die ersten Jahre einer Verbindung, wo manchmal mehr ein bisschen Unmut, ein bisschen Langeweile uns peinigen, als dass es wirklich Übel wären. Ach, er begleitete mich den leidlichen Weg, um mich in einer öden, fürchterlichen Wüste allein zu lassen.

FERNANDO *(immer verwirrter)*. Und wie? Seine Gesinnungen, sein Herz?

MADAME SOMMER. Können wir wissen, was in dem Busen der Männer schlägt? – Ich merkte nicht, dass ihm nach und nach das alles ward – wie soll ich's nennen? – nicht gleichgültiger! das darf ich mir nicht sagen. Er liebte mich immer, immer! Aber er brauchte mehr als meine Liebe. Ich hatte mit seinen Wünschen zu teilen, vielleicht mit einer Nebenbuhlerin; ich verbarg ihm meine Vorwürfe nicht, und zuletzt –

FERNANDO. Er konnte? –

MADAME SOMMER. Er verließ mich. Das Gefühl meines Elends hat keinen Namen! All meine Hoffnungen in dem Augenblick zugrunde! in dem Augenblick, da ich die Früchte der aufgeopferten Blüte einzuernten gedachte – verlassen! – verlassen! – Alle Stützen des menschlichen Herzens: Liebe, Zutrauen, Ehre, Stand, täglich wachsendes Vermögen, Aussicht über eine zahlreiche wohlversorgte Nachkommenschaft, alles stürzte vor mir zusammen, und ich – und das überbliebene unglückliche Pfand unsrer Liebe – Ein toter Kummer folgte auf die wütenden Schmerzen, und das ausgeweinte, durchverzweifelte Herz sank in Ermattung hin. Die Unglücksfälle, die das Vermögen einer armen Verlassenen ergriffen, achtete ich nicht, fühlte ich nicht, bis ich zuletzt –

FERNANDO. Der Schuldige!

MADAME SOMMER *(mit zurückgehaltener Wehmut)*. Er ist's nicht! – Ich bedaure den Mann, der sich an ein Mädchen hängt.

FERNANDO. Madame!

MADAME SOMMER *(gelinde spottend, ihre Rührung zu verbergen)*. Nein, gewiss! Ich seh ihn als einen Gefangenen an. Sie sagen ja auch immer, es sei so. Er wird aus seiner Welt in die unsere herübergezogen, mit der er im Grunde nichts gemein hat. Er betriegt sich eine Zeitlang, und weh uns, wenn ihm die Augen aufgehn! – Ich nun gar konnte ihm zuletzt nichts sein als eine redliche Hausfrau, die zwar mit dem festesten Bestreben an ihm hing, ihm gefällig, für ihn sorgsam zu sein; die dem Wohl ihres Hauses, ihres Kindes all ihre Tage widmete und freilich sich mit so viel Kleinigkeiten abgeben musste, dass ihr Herz und Kopf oft wüste ward, dass sie keine unterhaltende Gesellschafterin war, dass er mit der Lebhaftigkeit seines Geistes meinen Umgang notwendig schal finden musste. Er ist nicht schuldig!

FERNANDO *(zu ihren Füßen)*. Ich bin's!

MADAME SOMMER *(mit einem Strom von Tränen an seinem Hals)*. Mein!

FERNANDO. Cäcilie! – mein Weib! –

CÄCILIE *(von ihm sich abwendend)*. Nicht mein – Du verlässest mich, mein Herz! – *(Wieder an seinem Hals.)* Fernando! – wer du auch seist – lass diese Tränen einer Elenden an deinem Busen fließen – Halte mich diesen Augenblick aufrecht, und dann verlass mich auf ewig – Es ist nicht dein Weib! – Stoße mich nicht von dir! –

FERNANDO. Gott! – Cäcilie, deine Tränen an meinen Wangen – das Zittern deines Herzens an dem meinigen! – Schone mich! schone mich! –

CÄCILIE. Ich will nichts, Fernando! – Nur diesen Augenblick! – Gönne meinem Herzen diese Ergießung, es wird frei werden, stark! Du sollst mich loswerden –

FERNANDO. Eh soll mein Leben zerreißen, eh ich dich lasse!

CÄCILIE. Ich werde dich wiedersehn, aber nicht auf dieser Erde! Du gehörst einer andern, der ich dich nicht rauben kann – – Öffne, öffne mir den Himmel! Einen Blick in jene selige Ferne, in jenes ewige Bleiben – Allein, allein ist's Trost in diesem fürchterlichen Augenblicke.

FERNANDO *(sie bei der Hand fassend, ansehend, sie umarmend)*. Nichts, nichts in der Welt soll mich von dir trennen. Ich habe dich wiedergefunden.

CÄCILIE. Gefunden, was du nicht suchtest!

FERNANDO. Lass! lass! – Ja, ich habe dich gesucht; dich, meine Verlassene, meine Teure! Ich fand sogar in den Armen des Engels hier keine Ruhe, keine Freuden; alles erinnerte mich an dich, an deine Tochter, an meine Lucie. Gütiger Himmel! wie viel Freude! Sollte das liebenswürdige Geschöpf meine Tochter sein? – – Ich habe dich aufgesucht überall. Drei Jahre zieh ich herum. An dem Ort unsers Aufenthalts fand ich, ach! unsere Wohnung verändert, in fremden Händen, und die traurige Geschichte des Verlusts deines Vermögens. Deine Entweichung zerriss mir das Herz; ich konnte keine Spur von dir finden, und meiner selbst und des Lebens überdrüssig, steckt' ich mich in diese Kleider, in fremde Dienste, half die sterbende Freiheit der edeln Korsen; unterdrücken; und nun siehst du mich hier, nach einer langen und wunderbaren Verirrung wieder an deinem Busen, mein teuerstes, mein bestes Weib!

(Lucie tritt auf.)

FERNANDO. O meine Tochter!

LUCIE. Lieber, bester Vater! wenn Sie mein Vater wieder sind!

FERNANDO. Immer und ewig!

CÄCILIE. Und Stella? –

FERNANDO. Hier gilt's schnell sein. Die Unglückliche! Warum, Lucie, diesen Morgen, warum konnten wir uns nicht erkennen? – Mein Herz schlug mir; du weißt, wie gerührt ich dich verließ! Warum? Warum? – Wir hätten uns das alles erspart! Stella! wir hätten ihr diese Schmerzen erspart – Doch wir wollen fort. Ich will ihr sagen, ihr beständet darauf, euch zu entfernen, wolltet sie mit euerm Abschied nicht beschweren, wolltet fort. Und du, Lucie, geschwind hinüber; lass eine Chaise zu dreien anspannen. Meine Sachen soll der Bediente zu den eurigen packen. – Bleib noch hüben, beste teuerste Frau! Und du, meine Tochter, wenn alles bestellt ist, komm herüber; und verweilt im Gartensaal, wartet auf mich. Ich will mich von ihr losmachen, sagen, ich wollte euch hinüberbegleiten, sorgen, dass ihr wohl fortkämt, und das Postgeld für euch bezahlen. – Arme Seele, ich betriege dich mit deiner Güte! – Wir wollen fort! –

CÄCILIE. Fort? – Nur ein vernünftig Wort!

FERNANDO. Fort! Lass sein! – Ja, meine Lieben, wir wollen fort!

(Cäcilie und Lucie ab.)

FERNANDO *(allein).* Fort? – – Wohin? Wohin? – Ein Dolchstich würde allen diesen Schmerzen den Weg öffnen und mich in die dumpfe Fühllosigkeit stürzen, um die ich jetzt alles dahingäbe! – Bist du da, Elender? Erinnere dich der vollglücklichen Tage, da du in starker Genügsamkeit gegen den Armen standst, der des Lebens Bürde abwerfen wollte; wie du dich fühltest in jenen glücklichen Tagen, und nun! – Ja, die Glücklichen! die Glücklichen! – Eine Stunde früher diese Entdeckung, und ich war geborgen! ich hätte sie nicht wiedergesehn, sie mich nicht; ich hätte mich überreden können: sie hat dich diese vier Jahre her vergessen, verschmerzt ihr Leiden. Aber nun? Wie soll ich vor ihr erscheinen, was ihr sagen? – O meine Schuld, meine Schuld wird schwer in diesen Augenblicken über mir! – Verlassen, die beiden lieben Geschöpfe! Und ich, in dem Augenblick, da ich sie wiederfinde, verlassen von mir selbst! elend! O meine Brust!

Vierter Akt

Einsiedelei in Stellas Garten.

STELLA *(allein)*. Du blühst schön, schöner als sonst, liebe, liebe Stätte der gehofften ewigen Ruhe – Aber du lockst mich nicht mehr – mir schaudert vor dir – kühle, lockre Erde, mir schaudert vor dir – – Ach wie oft, in Stunden der Einbildung, hüllt' ich schon Haupt und Brust dahingegeben in den Mantel des Todes und stand gelassen an deiner Tiefe und schritt hinunter und verbarg mein jammervolles Herz unter deine lebendige Decke. Da solltest du, Verwesung, wie ein liebes Kind, diese überfüllte, drängende Brust aussaugen und mein ganzes Dasein in einen freundlichen Traum auflösen – Und nun!
Sonne des Himmels, du scheinst herein – es ist so licht, so offen um mich her, und ich freue mich des! – Er ist wieder da! – und in einem Wink steht rings um mich die Schöpfung lebevoll – und ich bin ganz Leben – – und neues, wärmeres, glühenderes Leben will ich von seinen Lippen trinken! – Zu ihm – bei ihm – mit ihm in bleibender Kraft wohnen! – Fernando! – Er kommt! Horch! – Nein, noch nicht! – – Hier soll er mich finden, hier an meinem Rasenaltar, unter meinen Rosenzweigen! Diese Knöspchen will ich ihm brechen – – Hier! Hier! – Und dann führ ich ihn in diese Laube. Wohl, wohl war's, dass ich sie doch, so eng, eng sie ist, für zwei eingerichtet habe – Hier lag sonst mein Buch, stand mein Schreibzeug – Weg Buch und Schreibzeug! – Käm' er nur! – Gleich verlassen! – Hab ich ihn denn wieder? – Ist er da? –
(Fernando kommt.)

STELLA. Wo bleibst du, mein Bester? Wo bist du? Ich bin lang, lang allein! *(Ängstlich.)* Was hast du?

FERNANDO. Die Weiber haben mich verstimmt! – Die Alte ist eine brave Frau; sie will aber nicht bleiben, will keine Ursache sagen, sie will fort. Lass sie, Stella.

STELLA. Wenn sie nicht zu bewegen ist, ich will sie nicht wider Willen – Und, Fernando, ich brauchte Gesellschaft – und jetzt – *(an seinem Hals)* jetzt, Fernando! Ich habe dich ja!

FERNANDO. Beruhige dich!

STELLA. Lass mich weinen! Ich wollte, der Tag wäre vorbei! Noch zittern mir alle Gebeine! – Freude! – Alles unerwartet, auf einmal! Dich, Fernando! Und kaum! kaum! Ich werde vergehen in diesem allen!

FERNANDO *(vor sich)*. Ich Elender! Sie verlassen? *(Laut.)* Lass mich, Stella!

STELLA. Es ist deine Stimme, deine liebende Stimme! – »Stella! Stella!« – Du weißt, wie gern ich dich diesen Namen aussprechen hörte: – »Stella!« Es spricht ihn niemand aus wie du. Ganz die Seele der Liebe in dem Klang! – Wie lebhaft ist mir noch die Erinnerung des Tags, da ich dich ihn zuerst aussprechen hörte, da all mein Glück in dir begann!

FERNANDO. Glück?

STELLA. Ich glaube, du fängst an zu rechnen; rechnest die trüben Stunden, die ich mir über dich gemacht habe. Lass, Fernando! Lass! – Oh! seit dem Augenblick, da ich dich zum ersten Mal sah, wie ward alles so ganz anders in meiner Seele! Weißt du den Nachmittag noch im Garten, bei meinem Onkel? Wie du zu uns hereintratst? Wir saßen unter den großen Kastanienbäumen hinter dem Lusthaus! –

FERNANDO *(vor sich)*. Sie wird mir das Herz zerreißen! – – *(Laut.)* Ich weiß noch, meine Stella!

STELLA. Wie du zu uns tratst? Ich weiß nicht, ob du bemerktest, dass du im ersten Augenblick meine Aufmerksamkeit gefesselt hattest? Ich wenigstens merkte bald, dass deine Augen mich suchten. Ach, Fernando! da brachte mein Onkel die Musik, du nahmst deine Violine, und wie du spieltest, lagen meine Augen sorglos auf dir; ich spähte jeden Zug in deinem Gesicht, und – in einer unvermuteten Pause schlugst du die Augen auf – auf mich! sie begegneten den meinigen! Wie ich errötete, wie ich wegsah! Du hast es bemerkt, Fernando; denn von der Zeit an fühlt' ich wohl, dass du öfter über dem Blatt wegsahst, oft zur ungelegenen Zeit, aus dem Takt kamst, dass mein Onkel sich zertrat. Jeder Fehlstrich, Fernando, ging mir durch die Seele – Es war die süßeste Konfusion, die ich in meinem Leben gefühlt habe. Um alles Gold hätt' ich dich nicht wieder grad ansehen können. Ich machte mir Luft und ging –

FERNANDO. Bis auf den kleinsten Umstand! – *(Vor sich.)* Unglückliches Gedächtnis!

STELLA. Ich erstaune oft selbst, wie ich dich liebe, wie ich jeden Augenblick bei dir mich ganz vergesse; doch alles vor mir noch zu haben, so lebhaft, als wär's heute! Ja wie oft hab ich mir's auch erzählt, wie oft, Fernando! – Wie ihr mich suchtet, wie du an der Hand meiner Freundin, die du vor mir kennenlerntest, durchs Boskett streiftest, und sie rief: »Stella!« – und du riefst: »Stella! Stella!« – Ich hatte dich kaum reden gehört und erkannte deine Stimme; und wie ihr auf mich traft und du meine Hand nahmst! Wer war konfuser, ich oder du? Eins half dem andern – Und von dem Augenblick an – Meine gute Sara sagte mir's wohl, gleich selbigen Abend – Es ist alles eingetroffen – Und welche Seligkeit in deinen Armen! Wenn meine Sara meine Freuden sehen könnte! Es war ein gutes Geschöpf; sie weinte viel um mich, da ich so krank, so liebeskrank war. Ich hätte sie gern mitgenommen, da ich um deinetwillen alles verließ.

FERNANDO. Alles verließ!

STELLA. Fällt dir das so auf? Ist's denn nicht wahr? Alles verließ! Oder kannst du in Stellas Munde so was zum Vorwurf missdeuten? Um deinetwillen hab ich lange nicht genug getan.

FERNANDO. Freilich! Deinen Onkel, der dich als Vater liebte, der dich auf den Händen trug, dessen Wille dein Wille war, das war nicht viel? Das Vermögen, die Güter, die alle dein waren, dein worden wären, das war nichts? Den Ort, wo du von Jugend auf gelebt, dich gefreut hattest – deine Gespielen –

STELLA. Und das alles, Fernando, ohne dich? Was war mir's vor deiner Liebe? Aber da, als die in meiner Seele aufging, da hatt' ich erst Fuß in der Welt gefasst – Zwar muss ich dir gestehn, dass ich manchmal in einsamen Stunden dachte: Warum könnt' ich das nicht alles mit ihm genießen? Warum mussten wir fliehen? Warum nicht im Besitz von dem allen bleiben? Hätte ihm mein Onkel meine Hand verweigert? – Nein! – Und warum fliehen? – O ich habe für dich wieder Entschuldigungen genug gefunden! für dich! da hat mir's nie gemangelt! Und wenn's Grille wäre, sagte ich! – wie ihr denn eine Menge Grillen habt – wenn's Grille wäre, das Mädchen so heimlich als Beute für sich zu haben! – Und wenn's

Stolz wäre, das Mädchen so allein, ohne Zugabe zu haben. Du kannst denken, dass mein Stolz nicht wenig dabei interessiert war, sich das Beste glauben zu machen; und so kamst du nun glücklich durch.

FERNANDO. Ich vergehe!

(Annchen kommt.)

ANNCHEN. Verzeihen Sie, gnädige Frau! Wo bleiben Sie, Herr Hauptmann? Alles ist aufgepackt, und nun fehlt's an Ihnen! Die Mamsell hat schon ein Laufens, ein Befehlens heut verführt, dass es unleidlich war; und nun bleiben Sie aus.

STELLA. Geh, Fernando, bring sie hinüber; zahl das Postgeld für sie, aber sei gleich wieder da.

ANNCHEN. Fahren Sie denn nicht mit? Die Mamsell hat eine Chaise zu dreien bestellt, Ihr Bedienter hat ja aufgepackt!

STELLA. Fernando, das ist ein Irrtum!

FERNANDO. Was weiß das Kind?

ANNCHEN. Was ich weiß? Freilich sieht's kurios aus, dass der Herr Hauptmann mit dem Frauenzimmer fort will von der gnädigen Frau, seit sie bei Tisch Bekanntschaft mit Ihnen gemacht hat. Das war wohl ein zärtlicher Abschied, als Sie ihr zur gesegneten Mahlzeit die Hand drückten?

STELLA *(verlegen)*. Fernando!

FERNANDO. Es ist ein Kind!

ANNCHEN. Glauben Sie's nicht, gnädige Frau! es ist alles aufgepackt; der Herr geht mit.

FERNANDO. Wohin? Wohin?

STELLA. Verlass uns, Annchen!

(Annchen ab.)

STELLA. Reiß mich aus der entsetzlichen Verlegenheit! Ich fürchte nichts, und doch ängstet mich das Kindergeschwätz. – Du bist bewegt! Fernando! Ich bin deine Stella!

FERNANDO *(sich umwendend und sie bei der Hand fassend)*. Du bist meine Stella!

STELLA. Du erschreckst mich, Fernando! Du siehst wild.

FERNANDO. Stella! ich bin ein Bösewicht und feig; und vermag vor dir nichts. Fliehen! – Hab das Herz nicht, dir den Dolch in die Brust zu stoßen, und will dich heimlich vergiften, ermorden! Stella!

STELLA. Um Gottes willen!

FERNANDO *(mit Wut und Zittern)*. Und nur nicht sehn ihr Elend, nicht hören ihre Verzweiflung! Fliehen! –

STELLA. Ich halt's nicht aus!

(Sie will sinken und hält sich an ihn.)

FERNANDO. Stella, die ich in meinen Armen fasse! Stella! die du mir alles bist! Stella! – *(Kalt.)* Ich verlasse dich.

STELLA *(verwirrt lächelnd)*. Mich!

FERNANDO *(mit Zähnknirschen)*. Dich! mit dem Weibe, das du gesehen hast! mit dem Mädchen! –

STELLA. Es wird so Nacht!

FERNANDO. Und dieses Weib ist meine Frau! –

STELLA *(sieht ihn starr an und lässt die Arme sinken)*.

FERNANDO. Und das Mädchen ist meine Tochter! Stella! *(Er bemerkt erst, dass sie in Ohnmacht gefallen ist.)* Stella! *(Er bringt sie auf einen Sitz.)* Stella! – Hülfe! Hülfe!

(Cäcilie, Lucie kommen.)

FERNANDO. Seht! seht den Engel! Er ist dahin! Seht! – Hülfe!

(Sie bemühen sich um sie.)

LUCIE. Sie erholt sich.

FERNANDO *(stumm sie ansehend).* Durch dich! Durch dich! *(Ab.)*

STELLA. Wer? Wer? – *(Aufstehend.)* Wo ist er? *(Sie sinkt zurück, sieht die an, die sich um sie bemühen.)* Dank euch! Dank! – – Wer seid ihr?

CÄCILIE. Beruhigen Sie sich! Wir sind's.

STELLA. Ihr! – Seid ihr nicht fort? Seid ihr? – Gott! wer sagte mir's? – Wer bist du? – Bist du? – *(Cäcilie bei den Händen fassend.)* Nein! ich halt's nicht aus!

CÄCILIE. Beste! Liebste! Ich schließ dich Engel an mein Herz!

STELLA. Sag mir – es liegt tief in meiner Seele – Sag mir – bist du –

CÄCILIE. Ich bin – ich bin sein Weib! –

STELLA *(aufspringend, sich die Augen zuhaltend).* Und ich? – *(Sie geht verwirrt auf und ab.)*

CÄCILIE. Kommen Sie in Ihr Zimmer!

STELLA. Woran erinnerst du mich? Was ist mein? – Schrecklich! Schrecklich! – Sind das meine Bäume, die ich pflanzte, die ich erzog? Warum in dem Augenblick mir alles so fremd wird? – Verstoßen! – Verloren! – Verloren auf ewig! Fernando! Fernando!

CÄCILIE. Geh, Lucie, such deinen Vater.

STELLA. Um Gottes Barmherzigkeit! Halt! – Weg! Lass ihn nicht kommen! Entfern dich! – Vater! – Gatte! –

CÄCILIE. Süße Liebe!

STELLA. Du liebst mich? Du drückst mich an deine Brust? – – Nein! Nein! – Lass mich! – Verstoß mich! – *(An ihrem Halse.)* Noch einen Augenblick! Es wird bald aus mit mir sein! Mein Herz! Mein Herz!

LUCIE. Sie müssen ruhen!

STELLA. Ich ertrag euern Anblick nicht! Euer Leben hab ich vergiftet! euch geraubt euer alles – Ihr im Elend; und ich – welche Seligkeit in seinen Armen! *(Sie wirft sich auf die Knie.)* Könnt ihr mir vergeben?

CÄCILIE. Lass! Lass!

(Sie bemühen sich, sie aufzuheben.)

STELLA. Hier will ich liegen, flehn, jammern, zu Gott und euch: Vergebung! Vergebung! – *(Sie springt auf.)* – Vergebung? – Trost gebt mir! Trost! Ich bin nicht schuldig! – Du gabst mir ihn, heiliger Gott im Himmel! ich hielt ihn fest, wie die liebste Gabe aus deiner Hand – Lass mich! – Mein Herz zerreißt! –

CÄCILIE. Unschuldige! Liebe!

STELLA *(an ihrem Halse)*. Ich lese in deinen Augen, auf deiner Lippe Worte des Himmels. Halt mich! Trag mich! Ich gehe zugrunde! Sie vergibt mir! Sie fühlt mein Elend!

CÄCILIE. Schwester! meine Schwester! erhole dich! nur einen Augenblick erhole dich! Glaube, dass der in unser Herz diese Gefühle legte, die uns oft so elend machen, auch Trost und Hülfe dafür bereiten kann.

STELLA. An deinem Hals lass mich sterben!

CÄCILIE. Kommen Sie! –

STELLA *(nach einer Pause, wild wegfahrend)*. Lasst mich alle! Sieh, es drängt sich eine Welt voll Verwirrung und Qual in meine Seele und füllt sie ganz mit unsäglichen Schmerzen – Es ist unmöglich – unmöglich! So auf einmal! – Ist nicht zu fassen, nicht zu tragen! – *(Sie steht eine Weile niedersehend still, in sich gekehrt, sieht dann auf, erblickt die beiden, fährt mit einem Schrei zusammen und entflieht.)*

CÄCILIE. Geh ihr nach, Lucie! Beobachte sie!

(Lucie ab.)

CÄCILIE. Sieh herab auf deine Kinder und ihre Verwirrung, ihr Elend! – Leidend lernt' ich viel. Stärke mich! – Und kann der Knoten gelöst werden, heiliger Gott im Himmel! zerreiß ihn nicht!

Fünfter Akt

Stellas Kabinett. Im Mondenschein.

STELLA *(sie hat Fernandos Porträt und ist im Begriff, es von dem Blendrahmen loszumachen).* Fülle der Nacht, umgib mich! fasse mich! leite mich! ich weiß nicht, wohin ich trete! – – Ich muss! ich will hinaus in die weite Welt! Wohin? Ach wohin? – Verbannt aus deiner Schöpfung! Wo du, heiliger Mond, auf den Wipfeln meiner Bäume dämmerst; wo du mit furchtbar lieben Schatten das Grab meiner holden Mina umgibst: soll ich nicht mehr wandeln? Von dem Ort, wo alle Schätze meines Lebens, alle selige Erinnerungen aufbewahrt sind? – Und du, worüber ich so oft mit Andacht und Tränen gewohnt habe, Stätte meines Grabes! die ich mir weihte; wo umher alle Wehmut, alle Wonne meines Lebens dämmert; wo ich noch abgeschieden umzuschweben und die Vergangenheit allschmachtend zu genießen hoffte: von dir auch verbannt sein? – Verbannt sein! – Du bist stumpf! Gott sei Dank! dein Gehirn ist verwüstet; du kannst ihn nicht fassen, den Gedanken: Verbannt sein! Du würdest wahnsinnig werden! – – Nun! – O mir ist's schwindlig! – Leb wohl! – Lebt wohl? Nimmer wiedersehn? – Es ist ein dumpfer Totenblick in dem Gefühl! Nicht wiedersehn? – Fort! Stella! *(Sie ergreift das Porträt.)* Und dich sollt' ich zurücklassen? – *(Sie nimmt ein Messer und fängt an, die Nägel loszubrechen.)* O dass ich ohne Gedanken wäre! dass ich in dumpfem Schlaf, dass ich in hinreißenden Tränen mein Leben hingäbe! Das ist und wird sein – du bist elend! – *(Das Gemälde nach dem*

Monde wendend.) Ha, Fernando! da du zu mir tratst und mein Herz dir entgegensprang, fühltest du nicht das Vertrauen auf deine Treue, deine Güte? – Fühltest du nicht, welch Heiligtum sich dir eröffnete, als sich mein Herz gegen dich aufschloss? – Und du bebtest nicht vor mir zurück? Versankst nicht? Entflohst nicht? – Du konntest meine Unschuld, mein Glück, mein Leben so zum Zeitvertreib pflücken und zerpflücken und am Wege gedankenlos hinstreuen? – Edler! – Ha, Edler! – Meine Jugend! – meine goldnen Tage! – Und du trägst die tiefe Tücke im Herzen! – Dein Weib! – deine Tochter! – Und mir war's frei in der Seele, rein wie ein Frühlingsmorgen! – Alles, alles *eine* Hoffnung – – Wo bist du, Stella? – *(Das Porträt anschauend.)* So groß! so schmeichelnd! – Der Blick war's, der mich ins Verderben riss! – – Ich hasse dich! Weg! wende dich weg! – So dämmernd! so lieb! – Nein! Nein! – Verderber! – Mich? – Mich? – Du? – Mich? – *(Sie zuckt mit dem Messer nach dem Gemälde.)* Fernando! – *(Sie wendet sich ab, das Messer fällt, sie stürzt mit einem Ausbruch von Tränen vor den Stuhl nieder.)* Liebster! Liebster! – Vergebens! Vergebens! –

(Bedienter kommt.)

BEDIENTER. Gnädige Frau! wie Sie befahlen, die Pferde sind an der hintern Gartentür. Ihre Wäsche ist aufgepackt. Vergessen Sie nicht Geld!

STELLA. Das Gemälde!

BEDIENTER *(nimmt das Messer auf und schneidet das Gemälde von dem Rahmen und rollt's).*

STELLA. Hier ist Geld.

BEDIENTER. Aber warum?

STELLA *(einen Moment still stehend, auf- und umherblickend).* Komm!
(Ab.)

Saal.

FERNANDO. Lass mich! Lass mich! Sieh! da fasst's mich wieder mit all der schrecklichen Verworrenheit! – So kalt, so grass liegt alles vor mir – als wär' die Welt nichts – ich hätte drin nichts verschuldet – – Und sie! – Ha! bin ich nicht elender als ihr? Was habt ihr an mich zu fordern? – Was ist nun des Sinnens Ende? – Hier! und hier! Von einem Ende zum andern! durchgedacht! und wieder durchgedacht! und immer quälender! immer schrecklicher! – – *(Sich die Stirn haltend.)* Wo's zuletzt widerstößt! Nirgends vor, nicht hinter sich! Nirgends Rat und Hülfe! – Und diese zwei? Diese drei besten weiblichen Geschöpfe der Erde – elend durch mich! – elend ohne mich! – Ach! noch elender mit mir! – Wenn ich klagen könnte, könnte verzweifeln, könnt' um Vergebung bitten – könnt' in stumpfer Hoffnung nur eine Stunde hinbringen – zu ihren Füßen liegen und in teilnehmendem Elend Seligkeit genießen! – Wo sind sie? – Stella! du liegst auf deinem Angesichte, blickst sterbend nach dem Himmel und ächzest: »Was hab ich Blume verschuldet, dass mich dein Grimm so niederknickt? Was hatte ich Arme verschuldet, dass du diesen Bösewicht zu mir führtest?« – Cäcilie! Mein Weib! o mein Weib! – Elend! Elend! tiefes Elend! – Welche Seligkeiten vereinigen sich, um mich elend zu machen! – Gatte! Vater! Geliebter! – Die besten, edelsten weiblichen Geschöpfe! –

Dein! Dein? – Kannst du das fassen, die dreifache, unsägliche Wonne? – Und nur die ist's, die dich so ergreift, die dich zerreißt! – Jede fordert mich ganz – Und ich? – Hier ist's zu! – tief! unergründlich! – – Sie wird elend sein! Stella! bist elend! – Was hab ich dir geraubt? Das Bewusstsein deiner selbst, dein junges Leben! – Stella! – Und ich bin so kalt! *(Er nimmt eine Pistole vom Tisch.)* Doch, auf alle Fälle! – *(Er ladet.)*

(Cäcilie kommt.)

CÄCILIE. Mein Bester! wie ist uns? – *(Sie sieht die Pistolen.)* Das sieht ja reisefertig aus!

FERNANDO *(legt sie nieder)*.

CÄCILIE. Mein Freund! Du scheinst mir gelassener. Kann man ein Wort mit dir reden?

FERNANDO. Was willst du, Cäcilie? Was willst du, mein Weib?

CÄCILIE. Nenne mich nicht so, bis ich ausgeredet habe. Wir sind nun wohl sehr verworren; sollte das nicht zu lösen sein? Ich hab viel gelitten, und darum nichts von gewaltsamem Entschließen. Vernimmst du mich, Fernando?

FERNANDO. Ich höre!

CÄCILIE. Nimm's zu Herzen! Ich bin nur ein Weib, ein kummervolles, klagendes Weib; aber Entschluss ist in meiner Seele. – Fernando – ich bin entschlossen – ich verlasse dich!

FERNANDO *(spottend)*. Kurz und gut?

CÄCILIE. Meinst du, man müsse hinter der Tür Abschied nehmen, um zu verlassen, was man liebt?

FERNANDO. Cäcilie!

CÄCILIE. Ich werfe dir nichts vor und glaube nicht, dass

ich dir so viel aufopfere. Bisher beklagte ich deinen Verlust; ich härmte mich ab über das, was ich nicht ändern konnte. Ich finde dich wieder, deine Gegenwart flößt mir neues Leben, neue Kraft ein. Fernando, ich fühle, dass meine Liebe zu dir nicht eigennützig ist, nicht die Leidenschaft einer Liebhaberin, die alles dahingäbe, den erflehten Gegenstand zu besitzen. Fernando! mein Herz ist warm, und voll für dich; es ist das Gefühl einer Gattin, die, aus Liebe, selbst ihre Liebe hinzugeben vermag.

FERNANDO. Nimmer! Nimmer!

CÄCILIE. Du fährst auf?

FERNANDO. Du marterst mich!

CÄCILIE. Du sollst glücklich sein! Ich habe meine Tochter – und einen Freund an dir. Wir wollen scheiden, ohne getrennt zu sein. Ich will entfernt von dir leben und ein Zeuge deines Glücks bleiben. Deine Vertraute will ich sein; du sollst Freude und Kummer in meinen Busen ausgießen. Deine Briefe sollen mein einziges Leben sein, und die meinen sollen dir als ein lieber Besuch erscheinen – – Und so bleibst du mein, bist nicht mit Stella verbannt in einen Winkel der Erde, wir lieben uns, nehmen teil aneinander! Und so, Fernando, gib mir deine Hand drauf.

FERNANDO. Als Scherz wär's zu grausam; als Ernst ist's unbegreiflich! – Wie's nun will, Beste! – Der kalte Sinn löst den Knoten nicht. Was du sagst, klingt schön, schmeckt süß. Wer nicht fühlte, dass darunter weit mehr verborgen liegt; dass du dich selbst betriegst, indem du die marterndsten Gefühle mit einem blendenden eingebildeten Troste schweigen machst. Nein, Cäcilie! Mein

Weib, nein! – Du bist mein – ich bleibe dein – Was sollen hier Worte? Was soll ich die Warums dir vortragen? Die Warums sind so viel Lügen. Ich bleibe dein oder –

CÄCILIE. Nun denn! – Und Stella?

FERNANDO *(fährt auf und geht wild auf und ab).*

CÄCILIE. Wer betriegt sich? Wer betäubt seine Qualen durch einen kalten, ungefühlten, ungedachten, vergänglichen Trost? Ja, ihr Männer kennt euch.

FERNANDO. Überhebe dich nicht deiner Gelassenheit! – Stella! Sie ist elend! Sie wird ihr Leben fern von mir und dir ausjammern. Lass sie! Lass mich!

CÄCILIE. Wohl, glaube ich, würde ihrem Herzen die Einsamkeit tun; wohl ihrer Zärtlichkeit, uns wieder vereinigt zu wissen. Jetzo macht sie sich bittere Vorwürfe. Sie würde mich immer für unglücklicher halten, wenn ich dich verließ', als ich wäre; denn sie berechnete mich nach sich. Sie würde nicht ruhig leben, nicht lieben können, der Engel! wenn sie fühlte, dass ihr Glück Raub wäre. Es ist ihr besser –

FERNANDO. Lass sie fliehen! Lass sie in ein Kloster!

CÄCILIE. Wenn ich nun aber wieder so denke: warum soll sie denn eingemauert sein? Was hat sie verschuldet, um eben die blühendsten Jahre, die Jahre der Fülle, der reifenden Hoffnung hinzutrauern, verzweifelnd am Abgrund hinzujammern? Geschieden sein von ihrer lieben Welt! – von dem, den sie so glühend liebt! – von dem, der sie – Nicht wahr, du liebst sie, Fernando?

FERNANDO. Ha! was soll das? Bist du ein böser Geist, in Gestalt meines Weibes? Was kehrst du mein Herz um und um? Was zerreißest du das zerrissene? Bin ich nicht zerstört, zerrüttet genug? Verlass mich! Überlass mich meinem Schicksal! – und Gott erbarme sich euer! *(Er wirft sich in einen Sessel.)*

CÄCILIE *(tritt zu ihm und nimmt ihn hei der Hand)*. Es war einmal ein Graf –

FERNANDO *(will aufspringen, sie hält ihn)*.

CÄCILIE. Ein deutscher Graf. Den trieb ein Gefühl frommer Pflicht von seiner Gemahlin, von seinen Gütern, nach dem Gelobten Lande –

FERNANDO. Ha!

CÄCILIE. Er war ein Biedermann; er liebte sein Weib, nahm Abschied von ihr, empfahl ihr sein Hauswesen, umarmte sie und zog. Er zog durch viele Länder, kriegte und ward gefangen. Seiner Sklaverei erbarmte sich seines Herrn Tochter; sie löste seine Fesseln, sie flohen. Sie geleitete ihn aufs Neue durch alle Gefahren des Kriegs – Der liebe Waffenträger! – Mit Sieg bekrönt, ging's nun zur Rückreise – zu seinem edeln Weibe! – Und sein Mädchen? – Er fühlte Menschheit! – er glaubte an Menschheit und nahm sie mit. – Sieh da, die wackre Hausfrau, die ihrem Gemahl entgegeneilt, sieht all ihre Treue, all ihr Vertrauen, ihre Hoffnungen belohnt, ihn wieder in ihren Armen. Und dann daneben seine Ritter, mit stolzer Ehre von ihren Rossen sich auf den vaterländischen Boden schwingend; seine Knechte, abladend die Beute, sie zu ihren Füßen legend; und sie schon in ihrem Sinn das all in ihren Schränken aufbewahrend, schon ihr Schloss mit auszierend, ihre Freunde mit beschenkend – »Edles teures Weib, der größte Schatz ist noch zurück!« – Wer ist's, die dort verschleiert mit dem Gefolge naht? Sanft steigt sie vom Pferde – – »Hier!« – rief der Graf, sie bei der Hand fassend, sie seiner Frau entgegenführend – »Hier! sieh das alles – und sie! nimm's aus ihren Händen – nimm mich aus ihren Händen wieder! Sie hat die Ketten von meinem Halse geschlossen, sie hat den Winden befohlen, sie hat mich erworben – hat mir gedient, mein gewartet! – Was bin ich ihr schuldig? – Da hast du sie! – Belohn sie.«

FERNANDO *(liegt schluchzend mit den Armen übern Tisch gebreitet).*

CÄCILIE. An ihrem Halse rief das treue Weib, in tausend Tränen rief sie: »Nimm alles, was ich dir geben kann! Nimm die Hälfte des, der ganz dein gehört – Nimm ihn ganz! Lass mir ihn ganz! Jede soll ihn haben, ohne der andern was zu rauben – Und«, rief sie an seinem Halse, zu seinen Füßen: »Wir sind dein!« – – Sie fassten seine Hände, hingen an ihm – Und Gott im Himmel freute sich der Liebe, und sein heiliger Statthalter sprach seinen Segen dazu. Und ihr Glück und ihre Liebe fasste selig *eine* Wohnung, *ein* Bett und *ein* Grab.

FERNANDO. Gott im Himmel! Welch ein Strahl von Hoffnung dringt herein!

CÄCILIE. Sie ist da! Sie ist unser. *(Nach der Kabinettstüre.)* Stella!

FERNANDO. Lass sie! Lass mich! *(Im Begriff wegzugehen.)*

CÄCILIE. Bleib! Höre mich!

FERNANDO. Der Worte sind schon genug. Was werden kann, wird werden. Lass mich! In diesem Augenblick bin ich nicht vorbereitet, vor euch beiden zu stehen. *(Ab.)*

(Cäcilie, hernach Lucie, hernach Stella.)

CÄCILIE. Der Unglückliche! Immer so einsilbig, immer dem freundlichen, vermittelnden Wort widerstrebend, und sie, ebenso! Es muss mir doch gelingen. *(Nach der Türe.)* Stella! Höre mich, Stella!

LUCIE. Ruf ihr nicht! Sie ruht, von einem schweren Leiden ruht sie einen Augenblick. Sie leidet sehr; ich fürchte, meine Mutter, mit Willen; ich fürchte, sie stirbt.

CÄCILIE. Was sagst du?

LUCIE. Es war nicht Arzenei, fürcht ich, was sie nahm.

CÄCILIE. Und ich hätte vergebens gehofft? Oh, dass du dich täuschtest! – Fürchterlich – Fürchterlich!

STELLA *(an der Türe)*. Wer ruft mich? Warum weckt ihr mich? Welche Zeit ist's? Warum so frühe?

LUCIE. Es ist nicht frühe, es ist Abend.

STELLA. Ganz recht, ganz wohl, Abend für mich.

CÄCILIE. Und so täuschtest du uns!

STELLA. Wer täuschte dich? Du.

CÄCILIE. Ich brachte dich zurück, ich hoffte.

STELLA. Für mich ist kein Bleibens.

CÄCILIE. Ach hätte ich dich ziehen lassen, reisen, eilen, ans Ende der Welt!

STELLA. Ich bin am Ende.

CÄCILIE *(zu Lucien, die indessen ängstlich hin und wider gelaufen ist)*. Was zauderst du? Eile, rufe um Hülfe!

STELLA *(die Lucien anfasst)*. Nein, verweile. *(Sie lehnt sich auf beide, und sie kommen weiter hervor.)* An eurem Arm dachte ich durchs Leben zu gehen; so führt mich zum Grabe.

(Sie führen sie langsam hervor und lassen sie auf der rechten Seite auf einen Sessel nieder.)

CÄCILIE. Fort, Lucie! fort! Hülfe! Hülfe!

(Lucie ab.)

(Stella, Cäcilie, hernach Fernando, hernach Lucie.)

STELLA. Mir ist geholfen!

CÄCILIE. Wie anders glaubt' ich! Wie anders hofft' ich!

STELLA. Du Gute, Duldende, Hoffende!

CÄCILIE. Welch entsetzliches Schicksal!

STELLA. Tiefe Wunden schlägt das Schicksal, aber oft heilbare. Wunden, die das Herz dem Herzen schlägt, das Herz sich selber, die sind unheilbar, und so – lass mich sterben.

FERNANDO *(tritt ein)*. Übereilte sich Lucie, oder ist die Botschaft wahr? Lass sie nicht wahr sein, oder ich fluche deiner Großmut, Cäcilie, deiner Langmut.

CÄCILIE. Mir wirft mein Herz nichts vor. Guter Wille ist höher als aller Erfolg. Eile nach Rettung, sie lebt noch, sie gehört uns noch.

STELLA *(die aufblickt und Fernandos Hand fasst)*. Willkommen! Lass mir deine Hand *(zu Cäcilien)* und du die deine. Alles um Liebe war die Losung meines Lebens. Alles um Liebe und so nun auch den Tod. In den seligsten Augenblicken schwiegen wir und verstanden uns *(sucht die Hände beider Gatten zusammenzubringen)*, und nun lasst mich schweigen und ruhen. *(Sie fällt auf ihren rechten Arm, der über den Tisch gelehnt ist.)*

FERNANDO. Ja wir wollen schweigen, Stella, und ruhen. *(Er geht langsam nach dem Tische linker Hand.)*

CÄCILIE *(in ungeduldiger Bewegung)*. Lucie kommt nicht, niemand kommt. Ist denn das Haus, ist denn die Nachbarschaft eine Wüste? Fasse dich, Fernando, sie lebt noch. Hunderte sind vom Todeslager aufgestanden, aus dem Grabe sind sie wieder aufgestiegen. Fernando, sie lebt noch. Und wenn uns alles verlässt und hier kein Arzt ist, keine Arzenei: so ist doch einer im Himmel, der uns hört. *(Auf den Knien in der Nähe von Stella.)* Höre mich! Erhöre mich, Gott! Erhalte sie uns, lass sie nicht sterben!

FERNANDO *(hat mit der linken Hand ein Pistol ergriffen und geht langsam ab).*

CÄCILIE *(wie vorher, Stellas linke Hand fassend).* Ja sie lebt noch; ihre Hand, ihre liebe Hand ist noch warm. Ich lasse dich nicht, ich fasse dich mit der ganzen Gewalt des Glaubens und der Liebe. Nein, es ist kein Wahn! Eifriges Gebet ist stärker denn irdische Hülfe. *(Aufstehend und sich umkehrend.)* Er ist hinweg, der Stumme, Hoffnungslose. Wohin? Oh, dass er nicht den Schritt wagt, wohin sein ganzes sturmvolles Leben sich hindrängte. Zu ihm! *(Indem sie fortwill, wendet sie sich nach Stella.)* Und diese lass ich hülflos hier. Großer Gott! und so stehe ich, im fürchterlichsten Augenblick, zwischen zweien, die ich nicht trennen und nicht vereinigen kann. *(Es fällt in der Ferne ein Schuss.)*

CÄCILIE. Gott! *(Will dem Schall nach.)*

STELLA *(sich mühsam aufrichtend).* Was war das? Cäcilie, du stehst so ferne, komm näher, verlass mich nicht. Es ist mir so bange. O meine Angst! Ich sehe Blut fließen. Ist's denn mein Blut? Es ist nicht mein Blut. Ich bin nicht verwundet, aber todkrank – Es ist doch mein Blut.

LUCIE *(kommt).* Hülfe, Mutter, Hülfe! Ich renne nach Hülfe, nach dem Arzte, sprenge Boten fort; aber ach! soll ich dir sagen, ganz anderer Hülfe bedarf's. Mein Vater fällt durch seine eigene Hand, er liegt im Blute. *(Cäcilie will fort, Lucie hält sie.)* Nicht dahin, meine Mutter, der Anblick ist hülflos und erregt Verzweiflung.

STELLA *(die halb aufgerichtet aufmerksam zugehört hat, fasst Cäciliens Hand).* So wäre es geworden? *(Sich aufrichtend und an Cäcilien und Lucien lehnend.)* Kommt, ich fühle mich wieder stark, kommt zu ihm. Dort lasst mich sterben.

CÄCILIE. Du wankst, deine Knie tragen dich nicht. Wir tragen dich nicht. Auch mir ist das Mark aus den Gebeinen.

STELLA *(sinkt an den Sessel nieder)*. Am Ziele denn. So gehe du hin zu dem, dem du angehörst. Nimm seinen letzten Seufzer, sein letztes Röcheln auf. Er ist dein Gatte. Du zauderst? Ich bitte, ich beschwöre dich. Dein Bleiben macht mich unruhig. *(Mit Bewegung, doch schwach.)* Bedenke, er ist allein, und gehe!

(Cäcilie mit Heftigkeit ab.)

LUCIE. Ich verlasse dich nicht, ich bleibe bei dir!

STELLA. Nein, Lucie! Wenn du mir wohlwillst, so eile. Fort! fort! lass mich ruhen! Die Flügel der Liebe sind gelähmt, sie tragen mich nicht zu ihm hin. Du bist frisch und gesund. Die Pflicht sei tätig, wo die Liebe verstummt. Fort zu dem, dem du angehörst! Er ist dein Vater. Weißt du, was das heißt? Fort! wenn du mich liebst, wenn du mich beruhigen willst.

(Lucie entfernt sich langsam.)

STELLA *(sinkend)*. Und ich sterbe allein.

Anhang: Schluss der ersten Fassung

Dem Text des »Trauerspiels« in der Festausgabe liegt die Ausgabe letzter Hand (1827) zugrunde. Diese zweite Fassung der *Stella* hatte Goethe für die Weimarer Aufführung von 1806 geschrieben, aber erst 1816 zum Druck gegeben. Sie unterscheidet sich vor allem durch den tragischen Schluss von dem Jugendwerk, das Goethe 1776 mit dem Untertitel »Ein Schauspiel für Liebende« veröffentlicht hatte. Der frühere Schluss, der mit der Ehe zu dritt dem gesteigerten Individualismus in der Epoche der Empfindsamkeit und des Sturm und Drang entsprach, hatte aus moralischen Gründen Anstoß erregt und zu Aufführungsverboten geführt. Er lautet, einsetzend S. 60, Z. 18:

FERNANDO. Gott im Himmel, der du uns Engel sendest in der Not, schenk uns die Kraft, diese gewaltige Erscheinungen zu ertragen! – Mein Weib! – *(Er fällt wieder zusammen.)*

CÄCILIE *(eröffnet die Türe des Kabinetts und ruft)*. Stella!

STELLA *(ihr um den Hals fallend)*. Gott! Gott!

FERNANDO *(springt auf, in der Bewegung zu fliehen)*.

CÄCILIE *(fasst ihn)*. Stella! nimm die Hälfte des, der ganz dein ist – du hast ihn gerettet – von ihm selbst gerettet – du gibst mir ihn wieder!

FERNANDO. Stella! *(Er neigt sich zu ihr.)*

STELLA. Ich fass es nicht!

CÄCILIE. Du fühlst's.

STELLA *(an seinem Hals)*. Ich darf? – –

CÄCILIE. Dankst du mir's, dass ich dich Flüchtling zurückhielt?

STELLA *(an ihrem Hals)*. O du! – –

FERNANDO *(beide umarmend)*. Mein! Mein!

STELLA *(seine Hand fassend, an ihm hangend)*. Ich bin dein!

CÄCILIE *(seine Hand fassend, an seinem Hals)*. Wir sind dein!

Zu dieser Ausgabe

Der Text folgt, bei behutsamer Modernisierung der Orthographie und Interpunktion:

> Goethes Werke. Festausgabe. Herausgegeben von Robert Petsch. Sechster Band. Bearbeitet von Robert Petsch. Leipzig: Bibliographisches Institut. [1926].

Anmerkungen

7,14 *alert:* gehoben für: flink, munter, geistig beweglich, aufgeweckt.
7,26 *Schwager:* Kutscher, Postillon. Die Bezeichnung stammt aus dem Studentenjargon und hat sich im 18. Jahrhundert allgemein eingebürgert.
8,y25 *Adies:* im 18. und 19. Jahrhundert volkstümlich für: Adieu.
13,21 *Prinzipia:* (lat. Pluralendung) Prinzipien.
17,8 *invitieren:* von lat. *invitare* ›einladen, ersuchen‹.
17,9 *diskuriert:* diskurrieren: sich unterhalten, erörtern, verhandeln.
18,30 *Tête-à-Tête:* (frz.) Stelldichein, vertrauliches Zweigespräch; im Deutschen mit dem erotischen Unterton eines Rendezvous' oder Schäferstündchens. Im Französischen bis heute ein vertrauliches Gespräch zu zweit bzw. unter vier Augen.
22,3 f. *dir's … abgelernt:* dich … erkannt.
24,10 *Menschheit:* hier: Menschlichkeit.
25,2 *betriegen:* betrügen.
27,16 *Kabinett:* kleines Nebenzimmer.
33,24 *Boskett:* Wäldchen (von ital. *bosco* ›Wald‹); Gruppe von beschnittenen Büschen und Bäumen, besonders in den Gärten der Renaissance- und Barockzeit.
39,22 *Nebenbuhlerin:* Rivalin beim Werben um einen Mann.
40,2 *überbliebene:* zurückgebliebene.
40,13 *gelinde:* milde.
42,5 *die sterbende Freiheit der edeln Korsen:* Anspielung auf die Freiheitsbestrebungen der Korsen unter der Führung des Freiheitshelden Pasquale Paoli (1725–1807). Korsika stand über Jahrhunderte unter der Herrschaft Genuas, wurde dann, nach einer kurzen Phase als Republik mit der ersten modernen demokratischen Verfassung, an Frankreich verkauft. Die aufständischen Korsen wurden 1769 von Frankreich geschlagen.
42,23 *Chaise:* zwei- oder vierrädrige halb offene (Post-)Kutsche.
42,25 *hüben:* drüben.
47,29 *wenn's Grille wäre:* wenn es sich um einen dummen Einfall handeln würde.

48,10 *verführt:* aufgeführt.

53,4 *Blendrahmen:* Holzrahmen, auf den man die Leinwand für ein Ölgemälde spannt; dabei wird die Leinwand um das Holz gelegt und hinten festgenagelt.

55,7 *grass:* im 18. und 19. Jahrhundert gebräuchlich für ›wild, schrecklich, grauenerregend‹.

59,6 ff. *frommer Pflicht … nach dem Gelobten Lande:* nämlich als Kreuzfahrer ins Heilige Land, nach Palästina, zu ziehen und insbesondere Jerusalem mit seinen christlichen Pilgerstätten zu erobern.

59,10 *ein Biedermann:* hier positiv gemeint: ein rechtschaffener Mann.

Nachwort

Goethes Schauspiel *Stella* gleicht einer elegischen, in Teilen einer ekstatischen Schattenbeschwörung. Bilder der Vergangenheit umschweben die Figuren, die meist vergebens bemüht sind, diese festzuhalten, oder sie versuchen leidenschaftlich bewegt, Schemen abermals heraufzurufen; jede will sich dabei ganz in ihre eigene Vergangenheit auflösen. Nur im Gefühl ist das Abgelebte noch einmal auf Augenblicke als Nachklang gegenwärtig. Die Wiederholung der frühen Zeit und der paradiesischen Liebe aber ist unmöglich: deshalb die Mischung von Lust und Trauer, die ambivalenten Gefühle, die die Personen überfallen, und die Bewegungen des Zueinanderstrebens und Fliehens, die sie unbewusst oder entschlossen vollziehen. Die drei Hauptfiguren sind oft nur mittelbar gegenwärtig, anwesend in der Sprache; sie fungieren als Medium ihrer Erinnerungen, bestehen aus abgelebter Zeit, sind ergriffen von der Vergangenheit. Im erstrebten Vergessen äußert sich dagegen ihr Verlangen, Unmittelbarkeit zu restituieren. Derart schwankend zwischen Einst und Jetzt, zwischen Erinnerung und Vergessen, leiden sie an ihrem unglücklichen Bewusstsein, an ihrer Zerrissenheit. Dies führt dazu, dass die Figuren des Schauspiels wie empfindsame, pathetische oder enthusiasmierte Sprachkörper erscheinen, die in ariosen Monologen ihre Vergangenheit heraufbeschwören, die durch das Erlebnis der Liebe gleichsam als Goldenes Zeitalter verklärt wird. Es kommt zu einem ständigen Umschlag von Gegenwart und Vergangenheit, der für die Abfolge epischer und lyrischer Partien des Dramas verantwortlich ist.

Es fällt auf, dass Goethes *Stella* außer durch betonte Geschlossenheit der Form – wenige Personen, wenige Schauplätze, kurze Zeitspannen, um nicht abzulenken von den inneren Prozessen – vor allem durch Parallelität und Wiederholungen, durch mehrfache Spiegelungen strukturiert wird. Die Entsprechungen reichen bis zu wortwörtlichen Wiederaufnahmen; dasselbe Gesetz gilt für einzelne Redeteile oder für Motive. Die Spannungen und die Seelenlagen der Figuren verdeutlichen kontrastierende Sprachfelder, Einwortsätze und Anaphern.

Stella ist »ganz Herz, ganz Gefühl«, das Herz ist ihr ein »Heiligtum«. Liebe bedeutet ihr, der Repräsentantin einer empfindsamen Gefühlskultur, grenzenloses Empfinden, Totalität. Die Wirklichkeit nimmt für sie überall die Gestalt Fernandos an; nur durch ihn erfährt sie sich selbst und die Welt. Liebe als diese extreme Form von Totalitätserfahrung kulminiert in beseligender Selbstvergessenheit. Durch die Flucht Fernandos aus diesem Zustand vertrieben, ersetzt Stella alsbald in ihrem Garten das verlorene Paradies durch einen pantheistischen Naturkult. Der Landschaftsgarten englischer Provenienz war im späten 18. Jahrhundert das Gesamtkunstwerk schlechthin. Er schloss in sich die Architektur, diese wiederum Gemälde und Plastik ein. Ähnlich der Musik konnte er durch Arrangements von Pflanzungen abwechselnde Eindrücke, durch Unterbrechungen oder die Einbeziehung von Plastiken wirkungsvolle Reihungen und damit beim Betrachter Empfindungsfolgen hervorrufen. Man begab sich vorzüglich allein in diese Sphäre konzentrierter Natur, die ein poetisches Ideal vorstellen sollte. Es gab in ihm keinen exponierten Ort, so dass das Diffuse der Form dem Diffusen der Gefühle entsprach. Natürlichkeit wurde auch bei den Materialien und Produkten der Gartenarchitektur, den Lauben und Grotten, betont. All dieses finden wir ebenso in Stellas Garten vor. Für das Drama wird wesentlich, was diese Naturkunstwerke vor allen anderen Kunstgattungen auszeichnet, nämlich die Wirkung der Zeit, die am Objekt selbst zu Wechsel und Übergang führt; jahreszeitliche Einflüsse, Färbungen oder Lichtverhältnisse machen den Garten zu einem lebendigen Kunstwerk. Gerade aus der Verzeitlichung resultiert aber die Instabilität des Ideals. Es korrespondiert dem Naturprozess auf der Seite des empfindsamen Spaziergängers die Historisierung seiner Empfindungen. Und tatsächlich ist Stellas Garten ein Museum. Erinnernd wandelt sie in ihm, umgeben von der Grabstätte des toten Kindes, ihrem eigenen Grab und der Einsiedelei, von Orten des Andenkens. In der Laube befinden sich bezeichnenderweise nur Bücher und Schreibgeräte. Im Monolog zu Beginn des fünften Aktes nennt Stella den Garten den Ort, »wo alle Schätze meines Lebens, alle selige Erinnerungen aufbewahrt sind«. Diese Verwahrung macht den Ort zu einem Schatzhaus, einem Tempel, zum Friedhof und zum Museum. Dass auch Liebe durch Verzeitlichung destabilisiert wird, bezeugt nicht nur das tote Kind mit dem sprechenden Namen Mina. Schon im ersten Akt bringt der Monolog Fernandos Zeit und Zeitlosigkeit zur Sprache. Folgt man den *Andeutungen über Landschaftsgärtnerei* des Fürsten von Pückler-Muskau darin, dass der Garten als künstliche Zierde sich von der freien Natur des Parks absondert und den nach außen verlängerten Salon bildet, dann bestimmt sich Stellas Schloss wie ihr Garten als Museum, gar als Totenhaus. Am Ende wird Stella zum zweiten Male aus ihrem Ideal vertrieben, zuerst aus der Liebe, dann aus der heiligen Natur. Empfand sie das Liebesglück als göttliche Gnade, so erneuert sie nach dem Verlust ihr Ideal in einem religiösen Naturkult. Die Verbannung aus der Natur verursacht ihren Tod, denn Stella ist selbst ganz Naturwesen, wie eine Pflanze: eine Blume. Dieses petrarkistische Motiv unterstreicht den Zusammenhang von unbewusst natürlichem Dasein und pantheistischer Naturfeier.

Den strengsten Kontrast zu Stellas Kunstlandschaft und klösterlichem Refugium bildet das Posthaus im ersten Akt; dieses soll das »äußere Leben vorstellen« (Goethe). Die Postmeisterin, eine Frau, die dem praktischen Lebensbereich angehört, ganz so, wie es die Sturm-und-Drang-Dramatik wollte, steht ihrer Wirtschaft mit nüchternem Verstande vor. Sie empfindet weniger tief, scheint über den Tod ihres Mannes schon nach kurzer Zeit »ziemlich getröstet« zu sein, sieht in einer Heirat vor allem die Möglichkeit, ihr Gewerbe zu stützen, ist dadurch aber auch weniger gefährdet als die anderen. Ob ihrer Geschäfte hat sie keine Zeit für Trauer. Goethe hat später solche Lebenseinstellung, die auf die Wirksamkeit für den Tag geht, zunehmend geschätzt und als notwendig und heilsam für das Leben anerkannt. Cäcilie kommt dieser Haltung noch am nächsten, wenn die bürgerliche Auffassung in Rechnung gestellt wird, die ihre Hoffnungen bei der Verbindung mit Fernando leiteten (vgl. S. 39). Sie erkennt die Selbsttäuschung, der die Männer in ihren Leidenschaften verfallen, und ist durch ihre Milde, durch ihr Verständnis die nachsichtige, tolerante, kurz: die ideale Gefährtin, die sich ohne Widerspruch in ihre neue Rolle schickt. Sie ist denn auch zuerst bereit, Verzicht zu üben, aus Liebe auf Liebe zu verzichten, Freundschaft anstelle sinnlicher Beziehungen zu akzeptieren; Fernandos Briefe sollen ihr »einziges Leben« sein: im Brief vergegenständlichen sich freundschaftliche Empfindungen und sympathetische Verhältnisse. Als schwesterliche Gattin wird sie zum Inbegriff von Goethes Frauenbild. In einer Anweisung für die Darstellerin der Cäcilie bemerkte er selbst: »Cäcilie wird das anfänglich schwach und gedrückt Scheinende bald hinter sich lassen und als eine freie Gemüts- und Verstandesheldin vor uns im größten Glanz erscheinen.«

In Fernando thematisiert Goethe nicht nur ein männliches Triebschicksal; in der Versuchsanordnung des Dramas definieren sich die Frauen durch Fernando. Trotz seines wiederholten Treuebruchs kann er von Cäcilie freigesprochen werden. Das Schauspiel stellt damit die Frage nach der Beschaffenheit von Normen, die solche Beziehungen regeln und die Einzelnen zugleich frei lassen. Es zielt hierin auf den Zusammenhang von freier Individualität, Selbstbewahrung und Einschränkung bzw. Bindung durch Liebe. Entweder münden die dargestellten Verhältnisse in Unfreiheit, oder sie werden durch Flucht übergangen: In einem Fall verursachen sie Leiden, im anderen lassen sie schuldig werden. Die Spannung von Liebe und Selbstheit vermag etwa durch Freundschaft gelöst werden, da in ihr der Einzelne frei bleiben kann, ohne der Neigung entsagen zu müssen. Dadurch wird aber die Institution der Ehe problematisch. Nach dem bürgerlichen Moralkodex ist Liebe als Sinnlichkeit strikt an ein Vertragsverhältnis gebunden, das durch seine ökonomische Zwecksetzung eine prosaische Funktion erfüllt. Mit der Erweiterung des Liebesbegriffs, neben die sinnliche tritt die seelische Liebe, wurde der Einschluss der Liebe in ein legitimiertes Verhältnis obsolet. Seelische Liebe konnte neue Formen des Zusammenlebens initiieren, die nicht durch die Fragwürdigkeit ökonomischer Zwecksetzungen belastet waren. Da das Drama in der ersten Fassung des fünften Aktes mit einem utopischen Sachverhalt, der Gemeinschaft der beiden Frauen mit Fernando, schließt, konnte es im Rahmen des zeitgenössischen Erwartungshorizontes provokativ als Normverletzung skandalisieren. Was das Schauspiel demnach bestenfalls auslösen konnte, war eine Normendiskussion. In diesem Fall könnte *Stella* im Sinne von André Jolles (*Einfache Formen*, Tübingen [5]1974) als Kasus bezeichnet werden: Die Geistesbeschäftigung des Wägens, Abwägens, Erwägens bezieht eine Handlung auf eine Norm oder eine Norm auf eine andere, höhere. Da die Erweiterung der einfachen Form Kasus die Kunstform der Novelle evoziert, darf Goethes Schauspiel auch als novellistisch charakterisiert werden.

Berücksichtigung verdient noch der Stand der Personen des Stücks. Stella ist Baronesse, Fernando ein adeliger Offizier und Rittergutsbesitzer. Die Personen, die in einem illegitimen Verhältnis leben, sind von der Welt der bürgerlichen Konventionen auch durch ihren Stand abgehoben. Erotische Freizügigkeit gehört in das höfische Rokoko und zu den Privilegien des Adels. Jedoch hat Goethe jeden Anklang an die Feudalwelt vermieden. Er konnte sich in seiner Zeit an Dreiecksverhältnissen in der Realität orientieren. So war damals Jonathan Swifts delikates erotisches Verwirrspiel mit Vanessa und Stella bekannt; Goethe spielt mit dem Titel seines Werkes hierauf an. Die Zeitgenossen Friedrich Heinrich Jacobi und Gottfried August Bürger bewegten sich in derart verwickelten Liaisons, wie sie *Stella* zum Ausdruck bringt. Es sind aber auch literarische Vorlagen mit Dreiecksgeschichten zu erwähnen, nämlich Gotthold Ephraim Lessings *Miß Sara Sampson* (Stellas Freundin heißt Sara!), dann Christian Felix Weißes *Amalia* (1766) und insbesondere dessen rührendes Lustspiel *Großmut für Großmut* (1768), die Goethe bekannt waren und wovon Letzteres vielfältige Parallelen zu *Stella* aufweist. Nach Goethe greift Friedrich Leopold Stolberg in einer Ballade die Sage vom Grafen von Gleichen auf; Johann Karl August Musäus gibt das Volksmärchen *Melechsala* heraus, dem diese Sage zugrunde liegt (beide 1782), und Jakob Michael Reinhold Lenz' Komödie *Die Freunde machen den Philosophen* behandelt ähnliche Konstellationen und Lösungen von Liebeskonflikten. Goethe selbst hatte ja in Weislingen, mit Einschränkungen auch in Clavigo, einen Vorläufer Fernandos auf die Bühne gebracht. In den *Wahlverwandtschaften* (1809) wird er dann in einem experimentellen Rahmen und durch mythologische Versteckspiele verrätselt dem *Stella*-Drama vergleichbare erotische Beziehungen und Konflikte ausbreiten.

Entstanden ist *Stella* in den ersten Monaten des Jahres 1775; die Uraufführung fand am 8. Februar 1776 in Hamburg unter Friedrich Ludwig Schröder statt. Autobiographischer Hintergrund ist Goethes Verlobung mit Lili Schönemann (die Verlobung bestand von Ostern bis Herbst 1775). Die Liebesgedichte an Lili gehören zum Kontext der *Stella*, vor anderen das Widmungsgedicht in ein Exemplar des Dramas »An Lili«. Auskunft über seine damalige Lage geben die Beichtbriefe Goethes an Auguste von Stolberg; *Dichtung und Wahrheit* enthält eine Darstellung seiner Beziehung zu Lili. Wie der *Werther* hat auch *Stella* eine ganze

Reihe von Parodien und Fortsetzungen ausgelöst; beide Texte sind Repliken auf Rousseaus *Nouvelle Héloise*. Die zweite Fassung des Schlusses ging auf Schillers Initiative zurück. Darin wird durch den Tod der Protagonisten Stella und Fernando die sittliche Weltordnung affirmiert. Zweifelhaft ist, ob dadurch – wie Goethe meinte – »das Gefühl befriedigt und die Rührung erhöht« wird. Unbestreitbar besitzt die erste Fassung als provokative Utopie und als Ausdruck männlicher Wunschphantasie einen höheren literarischen Reiz; durch das glückliche Ende wird die Reflexion auf die Bedingungen der Einschränkung von Glücksmöglichkeiten gelenkt, als deren Aufhebung das Happy End sich ausgibt.

Abschließend ist noch bemerkenswert, dass das Drama die gattungskonstitutiven Forderungen der Legende einlöst. Nach Jolles gehört hierher die Geistesbeschäftigung der *imitatio* (Fernando, Stella und Cäcilie wollen die Nachfolge des Grafen von Gleichen und seiner Frauen antreten, deren Dreierbund wiederholen). Im Heiligen der Legende vergegenständlicht sich – aktualisiert in seiner Vita – tätige Tugend (in den Personen des Dramas verkörpert sich wirkende Liebe), die durch Wunder bestätigt wird (in der *Stella* ruft Fernando aus: »Gott im Himmel, […] schenk uns die Kraft, diese gewaltige Erscheinungen zu ertragen!« [S. 65]; und in der zweiten Schlussfassung bittet Cäcilie um ein Wunder; die Unwahrscheinlichkeit vieler Handlungselemente erklärt sich durch dieses Kennzeichen der Legende). Tätige Tugend löst sich von der Person des Heiligen ab und verdinglicht sich in einer Reliquie, die seine Macht fixiert (die Reliquie ist Fernandos Bildnis). Märtyrer legen von ihrem Glauben Blutzeugnis ab (in der tragischen Schlussfassung sieht Stella »Blut fließen«; sie bzw. Fernando erscheinen als Märtyrer der Liebe). *Imitatio* will Nachfolge, Wiederholung und Aufnahme ins *imitabile*. Insofern verwandeln sich die Figuren aus Goethes *Stella* in die der Sage vom Grafen von Gleichen. Eine Heiligsprechung erfolgt nach strengem Ritual durch ein kirchliches Gericht; die Kanonisierung der Liebenden geschieht in *Stella* durch Literarisierung. Wirkt schließlich der Heilige auf eine bestimmte spirituelle Gemeinschaft, so wirken die Heiligen der Liebe des Dramas auf das Lesepublikum. Das Provozierende der *Stella* als unheiliger Legende (Goethe nannte seinen *Reineke Fuchs* eine »unheilige Weltbibel«) liegt nicht zuletzt in der Aufforderung zur *imitatio*. In diesem Zusammenhang ist die schroffe Abweisung des berüchtigten Hauptpastors Johann Melchior Goeze erwähnenswert, der in seiner Rezension der *Stella* (*Freywillige Beyträge zu den Hamburgischen Nachrichten aus dem Reiche der Gelehrsamkeit*, 23. Februar 1776) über den Autor ein Strafgericht Gottes beschwörend herabruft und mit Bibelzitaten den unheiligen Geist des Dramas bannen will. Historisch ist die Legende seit der Reformation – durch Luthers Ablehnung der Heiligen wegen der alleinigen Mittlerschaft Christi – gleichsam zu einer anachronistischen Form geworden. In zwei Epochen – am Beginn der Neuzeit und dann im 18. Jahrhundert – vervollständigte sich der Begriff der Subjektivität. Wird nun in Goethes *Stella* in der Legende eine Glücksgestalt gegenwärtig und werden die Personen als Individuen darauf bezogen, so treffen wir auf folgende Antinomie: Da das Glück der Individuen in einer Form zur Sprache kommt, die anachronistisch ist, kann es für die Subjekte keine Möglichkeit einer Vermittlung geben; die Form der Legende impliziert, dass das in ihr thematisierte Glückspotential den Personen unerreichbar bleibt. Dadurch erhält der intertextuelle Bezug von Drama und Legende einen besonderen Status: In der Gegenwart des Dramas stellt sich historisch bestimmte Individualität dar, für die ein in der abgelebten Form der Legende formulierter Glücksanspruch fremd bleiben muss. Gerade die Form der Legende signalisiert den Individuen die Unmöglichkeit einer *imitatio* wegen der Geschichtlichkeit von Legende und Individualität. Selbsttätige Subjektivität des 18. Jahrhunderts und eine im mittelalterlichen Gewande vorgetragene Glücksvorstellung stehen zueinander im Verhältnis der Antinomie, die in den Schattenbeschwörungen der *dramatis personae* sich behauptet.

Helmut Bachmaier

Inhalt